BASTEI
LÜBBE
TASCHENBUCH

Über die Autorin:

Elfriede Vavrik, geboren 1929 und Mutter von drei Söhnen, betrieb bis 2006 eine kleine Buchhandlung in der Nähe von Wien. Nach ihrer zweiten Scheidung im Alter von vierzig Jahren blieb sie allein und entdeckte erst mit 79 ihr Liebesleben neu. Darüber schrieb sie den Tatsachenroman »Nacktbadestrand«, der sich mehr als 20 Wochen in der Spiegel-Bestsellerliste hielt.

Elfriede Vavrik

Badewannentag

BASTEI LÜBBE
TASCHENBUCH

BASTEI LÜBBE TASCHENBUCH
Band 60699

1. Auflage: Januar 2013

Dieser Titel ist auch als E-Book erschienen

Vollständige, korrigierte Taschenbuchausgabe

Bastei Lübbe Taschenbuch in der Bastei Lübbe GmbH & Co. KG

Titelbild: © iStockphoto/Imagesbybarbara
Gestaltung: © Jasmin Orthofer
Umschlaggestaltung: Manuela Städele
Satz und Gestaltung: Sophie Gudenus
nach einer Vorlage von Rainer Scheichelbauer
Gesetzt aus der Premiéra Book
Druck und Verarbeitung: CPI – Ebner & Spiegel, Ulm
Printed in Germany
ISBN 978-3-404-60699-3

Sie finden uns im Internet unter
www.luebbe.de
Bitte beachten Sie auch: www.lesejury.de

Der Preis dieses Bandes versteht sich einschließlich
der gesetzlichen Mehrwertsteuer.

1

Niemals wird der Frühling beginnen, dachte ich. Es schneite schon wieder. Es war der erste Februar. Eigentlich war es doch normal, dass es am ersten Februar schneite. Aber an jenem Tag stand ich am Fenster in meinem Schlafzimmer und wollte die Sonne sehen. Ich wollte Vögel hören und den Flieder riechen. Stattdessen Schnee überall, und den wollte ich nicht.

Seit bestimmt zwei Wochen keinen meiner Männer gesehen. Weder den stillen Franz, der zu Ostern nach Hawaii geflogen war. Allein, ohne seine Freundin, die er mit mir betrog. Noch Hermann, der manchmal den weiten Weg aus Salzburg auf sich nahm, um mich zu sehen und mit mir zu schlafen. Hermann, der sich immer höflich wie ein Lieblingsenkel benahm. Von meinem liebsten Gerald, dem Schottergrubenunternehmer, der immer so gut zu mir war, hatte ich auch schon seit vierzehn Tagen nichts mehr gehört. Wo war er geblieben?

Ich hatte ein paar Kurzgeschichten geschrieben und zwei, drei Treffen mit Männern abgesagt, die sich noch auf meine Kontaktanzeigen von früher gemeldet hatten. Einer davon war damals bei mir gewesen, ohne meine Lust auf Wiederholung zu wecken.

Für ein paar Tage war ich also ein bisschen allein und schon fühlte ich mich einsam. Ich ging um das Telefon herum wie eine hungrige Hyäne um ein Stück Fleisch und überlegte in ungewohnter Schüchternheit, wen ich anrufen könnte.

Dann dachte ich wieder, dass ich Ruhe geben sollte, dass sich bestimmt einer melden würde, dass mich meine Lieben schon nicht im Stich lassen würden. Aber wenn die Stunden im Schneckentempo vergingen und der Tag sich anfühlte wie eine Reise durch die unendlichen, langweiligen Weiten des Weltraums, dann ging es mir einfach schlecht. Ich fühlte mich ausgelaugt vom Trubel der letzten Wochen, alleingelassen und vor allem alt. Wie eine Herbstlandschaft nach einem schweren Hagelgewitter, die nicht weiß, wie die zerrissenen Blätter geflickt, die überfluteten Wiesen getrocknet und die zersplitterten Stämme noch vor dem Wintereinbruch ersetzt werden könnten.

Ich stützte mich mit der Hand am Heizkörper ab und vergaß ganz, dass er heiß war. Ich wollte mir vorstellen, dass die Schneeflocken Blütenblätter sind oder weiche Pollen oder goldgelber Blütenstaub, aber es ging nicht. Ich nahm den Telefonhörer zur Hand, wählte Geralds Nummer, legte sofort wieder auf. Ich wollte mich in einem so melancholischen, um nicht zu sagen depressiven Zustand niemandem zeigen.

Ich freute mich über den Erfolg meines Buches, in dem ich mir meine Freude über mein spätes zweites Liebesleben von der Seele geschrieben hatte. Die Frau, die es nach zwei gescheiterten Ehen und vierzig Jahren Abstinenz noch einmal wissen wollte. Die Frau, die mit neunundsiebzig ihren ersten Orgasmus hatte. Inzwischen war einige Zeit vergangen. Ich hatte viel zu tun gehabt. Wenn ich nach Fernsehauftritten auf Flughäfen eincheckte, winkten mir Fans zu, und ich verschickte eine Menge signierter Fotos. Trotzdem fehlte mir jetzt ein Mann voll Testosteron und Spannkraft. Die schönste Aufgabe kann dem Unglück bringen, der nicht aufpasst und den Kontakt zur Außenwelt verliert. Da schrieb ich über die sexuelle Befreiung im Alter, und dann hatte es zur Folge, dass ich erst recht wieder allein war. Ein Mann auf mir und in mir, und all diese Gedanken wären verflogen gewesen. Doch es war keiner in Reichweite.

Ich werde mit meinen weichen alten Händen nie wieder einen harten Penis umfassen, dachte ich. Niemals wird der Frühling wiederkommen. Ich hatte meinen Frühling schon, aber ich habe es vermasselt, und jetzt ist es zu spät. Geralds lachendes Gesicht tauchte vor meinem inneren Auge auf. Ich hätte mir trotz allem Zeit für ihn nehmen müssen, dachte ich. Ich dachte auch an das Gejammer von Peter, jenes jungen Mannes, der bei mir als Einziger Bier hatte trinken dürfen. Er hatte immer wieder Probleme mit seiner ebenso jungen Freundin gehabt und sich dann bei mir ausgeweint. Ich hätte nie mit ihm Schluss machen dürfen, dachte ich, trotz seiner Jugend.

Ich merkte, wie sich meine Gedanken verselbstständigten. Ich fühlte, wie jemand mein Nachthemd hob und mir ohne Wenn und Aber seinen Schwanz in die unvorbereitete, aber doch schon feuchte Scheide steckte. Wie aus dem Hinterhalt in einen ahnungslosen Feind. War es der geschickte Gerald? Oder der junge, vorsichtige, liebevolle Peter? Oder der tätowierte, unbarmherzige Häftling, der zu Weihnachten bei mir zu Hause gewesen war? Oder doch einer meiner Ehemänner aus meinem ersten Leben? Endlich ließ ich den heißen Heizkörper los und drehte mich um. Das Schlafzimmer war leer. Kein Aggressor weit und breit. Ich seufzte.

Mein Kreislauf war vom vielen Grübeln unruhig geworden. Ich holte mir ein Glas Wasser aus der Küche, trank es sofort aus, füllte es erneut und stellte es im Schlafzimmer auf den Nachttisch. Ich ließ mein Nachthemd fallen. Jetzt war ich ganz nackt und fühlte mich frei. Ich führte meine Hand zur Klitoris, ließ mir Zeit, strich durch mein dünnes, glattes Schamhaar und schloss die Augen. Ich blieb stehen, während ich mit der Hand kreisende Bewegungen vollführte. Ich wollte eine richtige Gänsehaut bekommen und weiche Knie. Ich wollte mich bebend aufs Bett fallen lassen und weitermachen und weiter und weiter, bis der Frühling käme.

Auf meinen geschlossenen Lidern sah ich wie Dias Bilder von einem jungen Mann in einem blauen Overall. Mit einem gelben Helm auf dem Kopf lehnte er neben einer Baugrube an seiner Schaufel. Sein Gesicht war verschwitzt und mit Staub und Sand verklebt. Sein dichtes Haar hatte die Farbe des frischen Teers, auf dem seine schweren Stiefel ruhten. Er kam auf mich zu, die Schaufel über die Schulter gelegt. Er kam immer näher. Ich erwartete seine Berührung. Aber da stand er plötzlich vor mir, und während er mich weiterhin ansah, nahm er eine andere Frau. Eine jüngere. Sie war so um die sechzig Jahre jünger. Er zog sie an ihren langen blonden Haaren. Sie kreischte und stöhnte, aber sein Gesicht blieb ruhig. Ich wollte ihn für mich haben. Ich führte mir einen Finger ein. Da sah ich, wie er die Schaufel am Ende des Stiels packte und ausholte. Das Schaufelblatt traf mich schwer am Kopf.

Mir wurde schwindlig. Ich suchte Halt, aber mein Bett war niedrig und die Heizung und das Fensterbrett waren zu weit weg. Ich riss die Augen auf und sah nur noch viel zu hell und viel zu schnell die Einrichtungsgegenstände an mir vorbeisausen. Ich fiel hin. Es fühlte sich an, als würde der Sturz eine Ewigkeit dauern. Ich meinte, die Niagarafälle hinabzugleiten.

Zuerst schlug ich mir den Kopf an, aber nur leicht, weil ich seinen Aufprall mit meinen Händen abfedern konnte. Dann hörte ich ein lautes Knacken. Ein stechender Schmerz schoss durch meinen linken Oberschenkel und durch mein Becken bis unter meine Schädelplatte. Das ist nicht sehr gut, flüsterte ich mir zu.

Du bist wirklich alt, flüsterte ich weiter, sonst würdest du ja jetzt einfach aufstehen und es würde nicht so wehtun. Ich versuchte an etwas Friedliches zu denken. An schlafende Schafe. Doch die Schafe erwachten und fletschten die Zähne wie tollwütige Hunde. Ich versuchte es wieder. Schlaft ruhig, schlaft, meine weichen wolligen Schäfchen, schlaft. Die Sonne scheint am Tag und nachts blinken die Sterne, schlaft. Aber der Schmerz ließ solche Bilder nicht zu. Der Schäfer kam mit einer gewaltigen Schere, schor die Schafe kahl und häutete sie hinterher. Ich wusste, dass ich mir eine Verletzung geholt hatte, die ich nicht mit Salben oder Umschlägen auskurieren können würde. In meinem linken Bein war sicher etwas gebrochen. Es ließ sich überhaupt nicht mehr bewegen. Ich kroch zum Telefon. Am Boden liegend wählte ich die Notrufnummer. Es fiel mir schwer, meine Adresse zu artikulieren. Ich kroch weiter in den Flur und öffnete schon mal die Tür für die Rettungsleute. So eine kleine Wohnung hat ihre Vorzüge, dachte ich.

Ich musste mich anziehen, zumindest ein wenig bedecken. Schließlich wollte ich die armen jungen Sanitäter nicht mit meiner an der Türschwelle hingebreiteten vergangenen Schönheit überraschen. Ich konnte nur unter den Kleiderständer kriechen, an einem der Mäntel ziehen und hoffen, dass er auf mich fallen würde. Es funktionierte nicht ganz so einfach. Ich hatte die Mäntel sorgfältig aufgehängt.

Mein Gott, dachte ich, warum kann ich nicht einfach Ruhe geben, meine Eitelkeit und Scham ablegen und hier wie ein nicht ganz jugendfreies Dornröschen liegen bleiben, bis die Prinzen kommen? Ich hätte nicht einmal die Tür für sie aufmachen müssen. Die Prinzen, Retter und Sanitäter hätten sie schon irgendwie eingeschlagen. Das wäre für sie vielleicht sogar ein Abenteuer gewesen. Aber nein, meine Eitelkeit siegte. Am Boden liegend zog ich weiter an den Mänteln. Drei hingen am Kleiderständer, und endlich gab das Bändchen des einen nach und riss durch. Ich jubelte, biss die Zähne zusammen und schlüpfte halb liegend nach und nach in die Ärmel des Mantels. Dann knöpfte ich ihn zu. Was für ein Opfer. Wie ein Wurm wand ich mich auf dem Boden des Flurs. Bei jeder Bewegung hätte ich am liebsten aufgejault wie ein Wolf bei Vollmond, so sehr tat es weh.

Kaum war ich fertig, kamen die Sanitäter in die Wohnung und knöpften mir den Mantel wieder auf. Ein Notarzt beugte sich über mich und fragte, ob ich Schmerzen hätte. Das Wort »Schmerzen« hätte er besser nicht gewählt. Auf einmal waren sie viel mehr Wirklichkeit als bisher, und ich schrie los. Ich bekam eine Spritze und noch eine Spritze, und alles wurde angenehm und hell, so ähnlich wie in dem Augenblick, in dem ich gestürzt war. Ich schwebte. Mir wurde klar, warum so viele Menschen süchtig nach Schmerz- und Beruhigungsmitteln sind. Am besten breche ich mir von jetzt an täglich etwas, dachte ich, als sich die Wirkung der Spritze voll entfaltete. Das Wort »Oberschenkelhalsbruch« war das Letzte, das ich den Arzt sagen hörte. Was für ein süßes, weiches Wort, dachte ich. Der Frühling war da.

2

Im Unfallkrankenhaus Mödling lief dann alles wie von alleine. Der Frühling war dort allerdings wieder vorbei. Ich war eine von unendlich vielen alten Damen, die sich im Winter den einen oder anderen Knochen brechen. Oder eben sogar den gefürchteten Oberschenkelhals. Meistens passiert das auf Glatteis, oft auch in der glitschigen Badewanne, seltener auf Hundekot. Wahrscheinlich bildete ich eine Ausnahme, weil ich mir den Bruch bei der Selbstbefriedigung zugezogen hatte. Meine Blödheit. Warum hatte ich mich nicht einfach hingelegt?

Nachdem ich aus meinem Dornröschenschlaf erwacht war, wurde ich sofort in den nächsten befördert und unter Vollnarkose operiert. Die Chirurgen steckten den Knochen mithilfe eines Titannagels wieder zusammen. Ich träumte, dass ich einen Kuchen backe, einen Kuchen mit kandierten Früchten. Ich hatte eine Schüssel auf dem Schoß und knetete den Teig darin mit beiden Händen. Meine Hände waren wie gefesselt von der dichten Masse. Vor mir stand Gerald und rief: »Mach weiter, knete, knete!« Er lachte. Er war gar nicht bedrohlich oder herrisch, sondern nett und herzlich, ganz so, wie es eben seine Art war. In jeder Hand hielt er einen Blumenstrauß, links Tulpen und rechts Lilien. Sein Hosenschlitz war offen, und er presste mir seinen steinharten Schwanz in den Mund, so fest er konnte. Ich wich nicht zurück. Ich war wahnsinnig gierig. Später schob ich den Kuchen in den Ofen. Dabei ließ ich seinen Schwanz nicht los, denn Gerald saß auf dem brennenden Gasherd. Mit den brennenden und qualmenden Blumen in den Händen presste er meinen Kopf gegen sich. An seinen Oberschenkelinnenseiten sammelte sich Schweiß.

In meinem Traum gesellten sich noch die anderen drei Männer dazu, die mich im vergangenen Jahr oft besucht hatten. Der scheue und ängstliche Franz, der kleine, zarte Peter und der im Bett ganz harte Hermann. Alle drei nahmen mich abwechselnd von hinten. Einer nach dem anderen kam in mir. Alles wiederholte sich immer und immer wieder, bis ich merkte, dass Gerald in meinem Mund zu zucken und zurückzuschrecken begann. Ich wechselte die Position, legte mich mit dem Rücken auf eine Wolke des siebten Himmels und ließ mich von Franz, Peter und Hermann festhalten.

Drei Tage nach der Operation hatte ich mehrere solcher Träume hinter mir, aber ich hatte es immer noch nicht über mich gebracht, einen meiner Freunde anzurufen. Ich war unansehnlich in meinem Krankenbett. Ich hatte Schmerzen. Und obwohl mir die Ärzte versicherten, dass die Operation und die ersten Heilungsschritte erstaunlich positiv verlaufen seien, sorgte ich mich auch, ob alles wieder gut werden würde.

Das Telefon läutete. Mein Verlag wollte über mein zweites Buch mit mir sprechen. Dafür hatte ich im Moment wirklich keinen Kopf. Gleich nach diesem Gespräch klingelte mein Handy noch einmal. Es war Gerald. Er müsse mich unbedingt sehen, sagte er. Er wusste nichts von meinem Unfall, woher auch. Ich stotterte herum und gab vor, keine Zeit zu haben. Aber er ließ nicht locker, bis ich ihm alles erzählte und zugab, im Krankenhaus zu sein. Ich musste ihm mindestens sieben Mal versichern, dass es mir gut ging und dass mir keine Lebensgefahr drohte.

»Tut mir leid, dass ich mich nicht schon früher gemeldet habe«, sagte er. »Ich steige jetzt gleich ins Auto und bin in wenigen Stunden bei dir.« Es war sinnlos, ihm zu widersprechen. Angenehm sinnlos. Ich mag Männer, die wissen, was sie tun, und die sich nicht beirren lassen. Kaum hatten wir unser Gespräch beendet, läutete das Telefon wieder. Es war Franz.

»Hallo Elfriede. Ich will ficken«, sagte er geradeaus.

Ich brachte kein Wort heraus. Wie lange würde mich mein Oberschenkelhals daran hindern, diese Freuden des Lebens, die ich doch erst vor so kurzer Zeit entdeckt hatte, zu genießen?

»Was ist?«, fragte Franz nach einer Weile der Stille. »Bist du noch dran? Kann ich kommen?«

»Ich habe mir ein Bein gebrochen«, sagte ich.

»Na und?«, antwortete er.

Vielleicht hatte er recht. Wenn eine über achtzigjährige Frau überhaupt noch Sex haben konnte, dann wohl auch eine mit einem verletzten Bein. Gut, es war nicht irgendeine Verletzung. Die Zeit, in der alte Menschen am Bruch eines Oberschenkelhalses gestorben waren, war noch nicht allzu lange vorbei. Die Ärzte hatten mich in diesem Punkt aber beruhigt. Die Operation sei inzwischen Routine, ein guter Ausgang sehr wahrscheinlich. Trotzdem war ich schwer angeschlagen. Ich fühlte, dass so ein Unfall nach wie vor die Gefahr mit sich brachte, nicht mehr auf die Beine zu kommen und bis zum Tod nur noch dahinzusiechen. Aber ich wollte leben, auch wenn ich dafür die Zähne zusammenbeißen musste. Ich hatte noch so viel nachzuholen. Ich wusste, dass meine Verletzung heilen würde. Und außerdem spürte ich, wie ich bloß beim Telefonat mit Franz unter der Krankenhausdecke langsam, aber sicher feucht wurde.

Ich rechnete im Kopf schnell nach, wann genau ich aus dem Krankenhaus entlassen werden würde, und nannte ihm ein

Datum und eine Uhrzeit. Er sagte zu, kurz angebunden wie immer, und legte auf.

Zu guter Letzt klingelte mein altertümliches Handy an diesem Tag noch einmal zu Mittag, als mir die Schwestern gerade einen Gemüseauflauf mit Salat servierten.

»Hallo?«, hörte ich eine männliche Stimme am anderen Ende der Leitung.

»Vavrik hier. Wer ist da?«

»Vavrik? Also ist es die richtige Nummer. Ich bin Jochen.«

»Wer?«

Der Mann wirkte etwas unsicher. Ich konnte mich beim besten Willen nicht erinnern, mit irgendeinem Jochen Kontakt gehabt zu haben.

»Sie haben doch in einer Zeitschrift inseriert, dass Sie Männer suchen, ohne Bindung, nur so.«

»Ach ja, das ist schon eine ganze Weile her. Woher wissen Sie meinen Namen?«

Nachdem sich Jochen mehrmals geräuspert hatte, erklärte er mir nach und nach, dass er mir schon im Sommer einen Brief geschrieben habe. Einen sehr höflichen, wie ich mich nun erinnerte. Er hatte darin erklärt, dass er normalerweise nicht auf Inserate reagiere, dass er aber eine schwere Zeit durchmache, in der ihm etwas Körperkontakt mit einer sympathischen Dame sehr helfen würde. Ich hatte ihm damals ebenso höflich geantwortet und ihm offenbar auch meinen Namen genannt.

»Und warum melden Sie sich erst jetzt?«, fragte ich und stocherte ungeduldig im Gemüseauflauf, der kalt zu werden drohte.

»Ich war verhindert«, sagte er unbestimmt, »aber jetzt habe ich Zeit und eine große Sehnsucht. Ich hoffe, dass sich bei Ihnen nichts geändert hat, dass es Ihnen gut geht und dass Sie noch immer interessiert sind, einen Mann kennenzulernen. Einfach so.«

Ich lachte. Oh, es hatte sich vieles verändert, ganz abgesehen von meinem Oberschenkelhalsbruch. Ich war jetzt keine schüchterne alte Dame mehr. Meine Liebhaber hatten mir einiges beigebracht. Ich war genau die Richtige, um einem schüchternen Mann auf die Sprünge zu helfen.

»Derzeit bin ich leider verhindert«, sagte ich trotzdem. Es war mein Stolz, der mich drängte, ihn zappeln zu lassen. »In ein bis zwei Wochen habe ich vielleicht Zeit. Ich rufe Sie dann an.«

»Ich warte darauf«, sagte er. Er klang wie eine Mischung aus einem höflichen Beamten und einem Prinzen aus alten Zeiten, der mit seiner Angebeteten per Sie sein muss.

Der Gemüseauflauf schmeckte mir, obwohl er längst kalt war. Der Frühling würde wiederkommen, da war ich nun sicher. Erstaunlich, wie leicht es ist, Sex zu bekommen, egal wie einem das Leben mitspielt, dachte ich.

Ich erinnerte mich, dass Gerald bald zu Besuch kommen würde, und bat eine Schwester, mir bei der Hygiene zu helfen. Man schwitzt ja so viel in Krankenhausbetten. Ich wollte für meinen Musketier gut riechen. Ich putzte mir sorgfältig die Zähne. Das alles dauerte naturgemäß etwas lang, und ich fürchtete zuerst, nicht rechtzeitig fertig zu werden. Schließlich wartete ich ungeduldig etwa eine halbe Stunde, die mir wie eine halbe Ewigkeit vorkam. Ich löffelte Himbeerjoghurt und sah fern.

Als die Fernsehbilder vor meinem unruhigen Blick zu flimmern begannen, kam Gerald endlich. Er hatte einen riesigen Blumenstrauß dabei und eine Vase, die er offenbar am Schwesternstützpunkt ausgeborgt hatte. Er grinste breit.

»Hallo Elfriede!«, rief er. »Was ist dir denn eingefallen? Du musst auf dich aufpassen!«

Er gab mir einen Kuss auf die Wange, als wäre ich seine Großmutter. Ich begrüßte ihn im gleichen Stil, zog ihn aber dann zu mir.

»Komm, gib mir einen echten Kuss«, sagte ich. »Ist doch egal, wenn es jemand merkt.«

Er küsste mich. Das Zähneputzen hatte also seinen Sinn gehabt. Er küsste mich zuerst zaghaft, aber bald schon richtig. Ich hatte in den vergangenen Wochen gar nicht wirklich gemerkt, wie sehr ich das Küssen vermisst hatte. Mehr als in den vierzig Jahren davor. Ich fühlte mich wie ein Kind, das endlos auf sein Eis warten musste und jetzt hofft, dass der Eisbecher bodenlos ist und das Eis niemals versiegen wird.

Ich hatte auf einmal wieder Lust, mein Leben zu genießen. Die vergangenen Monate waren an mir vorübergezogen wie ein Film. Ich war zum ersten Mal in meinem Leben in einem Flugzeug geflogen und wenige Wochen später war es schon Routine gewesen. Ich hatte in Talkshows neben Fernsehköchen, Extremsportlern, Schauspielern und Politikern gesessen. Ich, die »Sex-Oma«, die Greisin mit den jungen Liebhabern, die alte Dame, die mit dem Griff ihrer Balkonschaufel masturbiert. Ich hatte mich so sehr bemüht, all das Neue zu bewältigen, dass ich es zu wenig ausgenutzt hatte. Ich hatte die Männer nur mit Blicken gestreift, statt richtig Ausschau zu halten. Ich hatte mir für das Geld, das ich verdient hatte, noch nichts gekauft. Noch nicht einmal einen richtigen Vibrator. Die Welt stand mir offen, so erschien es mir zumindest jetzt, und bewirkt hatte dieses Gefühl nur ein kleiner, aber feiner Kuss von Gerald.

Ich musste Gerald genau erzählen, was mir zugestoßen war. Er erzählte mir die Neuigkeiten aus seinem Schotterunternehmen. Auch dieses belanglose Plaudern war eine Sache, die ich schmerzlich vermisst hatte. Gerald versprach, mich am Tag meiner Entlassung vom Krankenhaus abzuholen. Ich wollte gleich am ersten Tag in Freiheit endlich wieder die wärmende, belebende, zärtliche und manchmal auch grobe körperliche Liebe erfahren.

Nach Geralds Besuch blieb ich bis zum Abendessen euphorisch. Danach fiel mir etwas ein, das mich nicht schlafen ließ. Die Angst, nie wieder Sex haben zu können, war vielleicht lächerlich und unberechtigt gewesen. Doch sie war nur Ersatz für eine andere, tiefliegendere Angst gewesen, für eine, die sich nicht so leicht erkennen und benennen ließ. Tatsache war, dass ich mich vor der Zukunft fürchtete. Nicht vor dem Tod. Dieser Teil meiner Zukunft war unausweichlich, doch obwohl er rechnerisch ziemlich nahe gekommen war, erschien er mir im Augenblick weder näher noch ferner als in den meisten anderen Phasen meines Lebens. Ich hatte keine Angst vor dem Tod. Ich hatte Angst vor dem Leben nach meinem Neuanfang. Davor, nicht weiterzuwissen, wenn sich die Aufregung um mein Buch gelegt haben würde. Wenn ich alles in meinem Kopf geordnete haben und wissen würde, was geblieben war und was nicht. Das war die Angst, die mich lähmte und die mich schüchtern und kontaktscheu gemacht hatte. Die ersten Erkenntnisse über das, was geblieben war, stellten sich bereits ein. Ich war wegen des Trubels um mein Buch nur wenige Wochen kaum ans Telefon gegangen, und schon hatten die Männer aufgehört, mich anzurufen. Das hatte ich nicht erwartet. Und es tat meinem Ego gar nicht gut und warf einen Schatten über diesen Neuanfang, den der Erfolg mit sich gebracht hatte.

Neuanfänge, auch wenn ich sie mir hinterher schönredete, waren in meinem Leben fast immer unter Druck passiert und mit Schmerzen verbunden gewesen. So etwa, als mein erster Mann mit allen seinen Firmen pleitegegangen und verhaftet worden war. Damals musste ich mit meinen beiden kleinen Söhnen von einem Tag zum anderen unsere Wohnung verlassen. Sie lag in einer von meinem Mann gepachteten Pension und fiel nun an den Besitzer zurück, der keine Gnade kannte. Ich flehte ihn an, mich zumindest noch für ein paar Wochen in einem kleinen Zimmer der Pension schlafen zu lassen. Vergeblich.

»Sofort heißt sofort«, sagte er.

Beim Kofferpacken sah er mir zu, und ich wusste nicht, ob ich weinen oder schreien sollte. Also tat ich beides gleichzeitig, bis ich müde war und schwieg. Ich konnte nicht alles mitnehmen, schließlich musste ich auch die Kinder transportieren. Außerdem wusste ich nicht wohin. Zurück zu meinen Eltern wollte ich auf keinen Fall. Aber meine Freundinnen wollten mich nicht aufnehmen und eine eigene Wohnung konnte ich mir nicht leisten. Also blieben nur meine Eltern.

Meine Mutter sagte bereits am Telefon, dass ich für die Unterkunft in ihrer kleinen Wiener Wohnung Miete zahlen müsse. Ich schlief mit den Kindern in der Küche, und meine Mutter bedauerte jeden Tag lautstark den Fehler, mich geboren zu haben. Tagsüber arbeiten konnte ich nicht. Meine Mutter dachte nicht daran, auf ihre kleinen Enkel aufzupassen. Also übernahm ich Heimarbeit, die ich auch nachts verrichten konnte. Ich strickte Kinderpullover und Schals, bis ich ganz dumm davon wurde.

Mein Vater, der schwach und etwas langsam von Begriff war, redete mir gut zu. Schließlich setzte er sich gegen meine Mutter durch und sie nahmen die Kinder mit ins Gartenhaus am Stadtrand. So sollte ich Zeit für mich haben, um mich neu zu organisieren. Ich erwies mich als nicht besonders dankbar. Als ich zum ersten Mal allein in der elterlichen Wohnung war, fiel mir nichts Besseres ein, als die Gashähne aufzudrehen und mich auf den Boden zu legen.

Als ich so auf dem Bretterboden lag und das erstaunlich angenehm riechende Gas leise zischend den Raum anfüllte, überlegte ich, worauf es mir mehr ankam. War es mir wirklich so wichtig zu sterben? Oder hoffte ich einfach nur, dass sich jemand eine

Zigarette anzündete und das ganze Haus in die Luft flog? Ich stellte mir das Feuer vor und es wurde mir dabei ganz warm und angenehm zumute. Es waren der Gewaltakt und der Nervenkitzel, die mich reizten. Irgendetwas zu erschüttern und zu verändern in dieser Welt war mir wichtiger als der Tod.

Als ich mir das brennende Haus so vorstellte und mich selbst darin verkohlen sah, packte mich wieder mein Selbsterhaltungstrieb. Außerdem dachte ich an meine Kinder. Sie sollten nicht allein und schutzlos meiner Mutter ausgeliefert sein. Ich drehte den Gashahn ab und schleppte mich aus dem Haus. Das Atmen fiel mir schon schwer. Ich dachte nicht daran, einen Rettungsdienst zu rufen. Wie ferngesteuert ging ich zu unserem Hausarzt, der mich noch aus dem Krieg kannte. Als er mich so blass und zittrig sah, ließ er mich nicht erst im Wartezimmer Platz nehmen. Er hörte sich an, was ich angestellt hatte, horchte meinen Puls und meinen Atem ab und stellte fest, dass ich zumindest körperlich mehr oder weniger unversehrt war. Dennoch überwies er mich ins Krankenhaus und ließ mich sogar von einem Krankenwagen abholen. Er kannte meine ganze Familie, also konnte er sich wohl gut vorstellen, wie es bei uns zu Hause ablief. Im Krankenhaus wurde ich nach einer Befragung durch einen Psychologen in künstlichen Tiefschlaf versetzt. Für zehn Tage. Hin und wieder weckten mich die Schwestern und fütterten mich im Halbschlaf. Als die zehn Tage in völliger Traumlosigkeit wie eine einzige Nacht vergangen waren, stand ich wieder von den Toten auf. Die Welt schien etwas erträglicher geworden zu sein.

Meine Eltern erfuhren nichts von meinem Selbstmordversuch. Das Haus war nicht explodiert. Und ich hatte meinen Neuanfang gehabt, wenn auch einen etwas anderen, als ich es mir vorgestellt hatte.

Mit den fortschreitenden Jahren hatten die Neuanfänge in meinem Leben einen bitteren Beigeschmack bekommen. Etwas, das mit Kraft und Jugend zu tun hatte, wurde abgelöst von etwas, das zu Alter und Schonung passte. Bis ich dann dieser Spirale des allmählichen Vergehens ein Schnippchen geschlagen und mit neunundsiebzig die körperliche Liebe neu entdeckt hatte. Ich zweifelte, dass mir so ein Schritt in Richtung Leben noch einmal gelingen würde, und fragte mich, was nun noch kommen konnte. Doch immerhin würde mich Gerald nach Hause bringen. Gerald würde mich in die Arme nehmen. Er würde mit mir schlafen und wegen meines Beines ganz vorsichtig dabei sein. Und Sex war eine Quelle der seelischen Heilung, zumindest war er das in den vergangenen beiden Jahren für mich gewesen.

3

Ich konnte es kaum noch erwarten, von Gerald aus dem Mödlinger Krankenhaus abgeholt zu werden. Es waren schon zu viele langweilige Tage vergangen, an denen ich bis zum Überdruss ferngesehen hatte. In den letzten Tagen im Krankenhaus traf ich ein paar Verabredungen mit Männern, die ich zum Teil monatelang nicht gesehen hatte. Ich würde nach meiner Heimkehr eine alte Dame mit Krücken und einem dichten Terminkalender sein.

»Sie brauchen viel Bewegung, auch wenn es wehtut«, sagte der Arzt bei jeder Visite.

Von nun an lächelte ich dabei.

Ein Mitarbeiter des Verlages kam vorbei. Der Verlag wollte mir eine Physiotherapeutin, eine Putzhilfe und eine Pflegerin organisieren.

»Wenn Sie wollen, können Sie natürlich auch männliche Helfer haben«, sagte der Mann.

Außerdem würde ich ein Sendegerät mit einer Art Alarmanlage für Notfälle bekommen, falls mir wieder etwas zustoßen sollte. Ein kleines Gerät mit einem Alarmknopf, das ich immer um den Hals tragen konnte.

Ich fand die Frage nach dem Geschlecht meiner zukünftigen Helfer ein wenig pubertär. Ich sagte, dass es mir egal sei. Aber die Vorstellung, dass mich drei in grellweißes Leinen gekleidete Männer rundum versorgen würden, fand ich schon sehr ansprechend. Das Ganze tat meinem Ego gut. Der Verlag wollte, dass ich lebte. Er wollte, dass ich lebte, um darüber zu schreiben. Er wollte noch ein Buch.

»Wir haben einen Krankentransport für Ihre Heimfahrt organisiert«, sagte der Mann zum Abschluss.

»Okay«, sagte ich. »Danke.«

Ich fühlte mich zu geschmeichelt, um abzulehnen, und sagte Gerald, dass wir uns bei mir daheim treffen würden.

Die Sonne schien hell an dem Vormittag, an dem mich zwei Krankenpfleger in den Rettungswagen hoben. Voll Freude sah ich, dass der Schnee schon schmutzig und schwer vor sich hin schmolz. Ich sah die immer noch kahlen Äste der Bäume und Sträucher, und es schien mir, als würden sie sich zur Sonne erheben. Ich hörte Rufe von Kindern. Es war Frühling, und ich war sicher, dass er früher gekommen war als in anderen Jahren.

Die Krankenpfleger waren gut aufgelegt und taten so, als wäre der Krankenwagen ein Raumschiff. Sie sagten, sie würden mich nach Hause »beamen«. Meine Knochen wollten sie mit »osteologischer Strahlung« wieder zusammenflicken. Einer gab heulende Geräusche von sich, als wäre er ein medizinisches Gerät aus der Zukunft. Ich machte mit und fragte sie, ob wir uns nicht schon aus der Akademie der Sternenföderation kennen würden, und der blonde zarte Sanitäter antwortete, dass er sich an mich noch erinnern könne, dass er aber zwei oder drei Jahrgänge unter mir gewesen sei.

Und schon waren wir bei mir. Den Rollstuhl durfte ich behalten, damit hatte ich gar nicht gerechnet. Die Krücken bekam ich dazu. Gerald stand auf der Wiese vor dem Haus. Es war ein angenehmes Gefühl, heimzukommen. Die Wohnanlage am Rand von Laxenburg, in der meine kleine Eigentumswohnung mit Balkon lag, war erst vor kurzem renoviert worden und hatte einen frischen Anstrich mit hellen warmen Farben bekommen.

Gerald winkte und lachte. Die Sanitäter setzten mich vor meiner Wohnungstür im ersten Stock ab.

»Ab jetzt kommen Sie allein klar?«, fragte einer.

»Ich denke schon«, sagte ich und sah zu Gerald.

»Sicher kommen wir klar«, grinste er und suchte den richtigen Schlüssel an meinem Bund.

Wir verabschiedeten uns von den Sanitätern. Gerald öffnete die Tür, schob mich in den Flur. »Wohin jetzt, gnädige Frau?«, fragte er.

Er hatte eine volle Einkaufstasche mit einem Vorrat an leckeren Lebensmitteln dabei. Gerald dachte immer an alles. Ich mochte das an ihm. Ich lobte seine Einkäufe und bat ihn dann, mich ins Schlafzimmer zu führen.

»Bist du denn müde?«, fragte er verständnisvoll, aber mit einem enttäuschten Unterton in der Stimme. Er hatte sich vermutlich vorgestellt, wie wir zuerst gemütlich essen würden und dann sehen, was sonst noch passierte.

»Ich bin auch etwas müde«, sagte ich. »Aber vor allem musst du mir aus dieser Jogginghose helfen. Ich finde, sie passt nicht zu meinem Haarschnitt.«

Er tat, wie ihm geheißen, aber er stand noch immer auf der Leitung.

»Na großartig«, ächzte ich, als er mir die Schuhe, die Socken und endlich auch die seltsame Jogginghose abgestreift hatte. »Jetzt passt wieder meine Bluse nicht zu meinem Unterhöschen.«

»Aha?«

Ich sah ihn lange an und endlich verstand er. Zumindest verstand er, wie es weitergehen würde. Den Rest verstand ich selbst nicht genau. Ich hatte einen Unfall hinter mir, der noch vor einigen Jahren vielleicht tödlich verlaufen wäre. In meinem Oberschenkel steckte ein Nagel aus Edelstahl, und abgesehen davon, dass er blau angelaufen war, zierte ihn eine unschöne Narbe. Außerdem war ich tatsächlich müde. Die Strapazen der kurzen Fahrt hatten mich trotz der vergnügten Stimmung erschöpft. Ja, und ich hatte Schmerzen, trotz der Schmerzmittel, die ich seit der Operation nahm. Trotzdem wollte ich Sex. Vielleicht, weil ich Gerald und mir zeigen wollte, dass sich nichts geändert hatte. Vielleicht auch nur, weil ich Gerald meine Dankbarkeit dafür zeigen wollte, dass es ihn gab und dass er jetzt für mich da war. Ich war zu erschöpft und wohl auch zu aufgeregt, um genauer darüber nachzudenken.

»Was darf ich als Nächstes ausziehen, Chefin?«, fragte Gerald. »Ach ja, natürlich zuerst die Bluse, das ist doch klar. Nur langsam, immer nur langsam.«

Ich wurde auf der Stelle feucht. Am liebsten wäre es mir gewesen, wenn mich Gerald einfach vorsichtig genommen und in mich eingedrungen wäre. Stattdessen wollte er spielen, was sonst gar nicht unbedingt seine Art war. Es war gut so. Als meine Erregung wuchs, vergaß ich, wer ich war, wo ich war und in welchem Zustand ich war. Erregung – das war ewige Jugend für halbe Stunden.

Gerald strich mir über die Brüste. Sie waren empfindlich wie wippende Seepferdchen, und ich konnte nicht anders, als mir selbst einen Finger in den Mund zu stecken und hineinzubeißen. Ich brauchte das, um sicher zu sein, dass es mich noch immer auf dieser Welt gab, in diesem Bett, in diesem meinem Schlafzimmer, in dieser Wohnung. Ich wollte nicht ganz aufhören, ich zu sein, während ich meine Schmerzen einfach vergaß und mich mit Gerald wie im Paradies fühlte oder wie im siebten Himmel oder wie auf einem Liebesplaneten, auf dem alle nur nackt durch einen ewigen Blütenregen schweben. Alte Damen in der Rehabilitation nach einem Oberschenkelhalsbruch sollten so eine Behandlung auf Krankenschein bekommen. Die Heilkraft von Sex statt der von Medikamenten – es würde dem Gesundheitssystem helfen, Millionen zu sparen.

Gerald zog sich aus, legte sich auf mich und drückte mir seinen heißen Penis auf den Venushügel und auf die pulsierenden Schamlippen. Er küsste mich weiter, strich durch meine Haare und küsste meinen Hals. Dann ging es doch schneller, als ich gedacht hatte. Er drang in mich ein, vorsichtig, weil meine Vagina weiter innen noch etwas Widerstand bot und noch nicht rutschig genug war. Erst nach und nach kam er in einen Rhythmus und seine Stöße wurden fester. Dabei passten wir auf, dass mein operiertes Bein flach und gerade auf dem Bett lag.

Ich war etwas aus der Übung und mein Körper reagierte überstürzt. Schon nach den ersten drei tieferen Stößen hatte ich einen zuckenden Orgasmus. Meine Finger krallten sich in Geralds Rücken und ich biss ihm in die Schulter. Für kurze Zeit blieb er ganz ruhig in mir, dann glitt er aus mir heraus und leckte mich, bis ich noch einen Orgasmus hatte.

Ich wurde gierig und wollte seinen Schwanz im Mund haben, doch ich konnte wegen meines Beins nicht auf die Knie gehen. Deshalb blieb ich auf dem Rücken liegen, zog Gerald zu mir und wollte, dass er meinen Mund fickt. Gerald zögerte. Er ließ seinen Schwanz zunächst eher sanft über meine Zunge gleiten. Aber ich wollte ihn auffressen, und so drückte ich auf seine Hinterbacken, bis er verstand und weniger Rücksicht nahm. Tränen schossen mir in die Augen. Ich fühlte mich vollkommen hingegeben.

Sich das Hirn rausficken lassen – so vulgär das klingt, genauso fühlte es sich an. Geralds Schwanz schien meine Schädelplatten von innen zu durchstoßen. Es war, als würde ein wildgewordener Stabmixer durch meinen Kopf wüten, um aus meinen Hirnlappen Apfelmus zu machen. Genau das wollte ich. Ich wollte alles vergessen. Alle Zukunftsängste, alle Sorgen. Ich wollte mich frei fühlen. Zu diesem Zweck ließ ich mich von Geralds Schwanz auf meiner Matratze festnageln.

Als ich merkte, dass Gerald zu erregt war und gleich kommen würde, drückte ich ihn von mir weg. Ich röchelte, dass er mich wieder ficken solle. Aber da spritzte er schon und ein paar Tropfen Sperma blieben am Kopfkissen kleben, an der Tapete und in meinen Haaren.

Er ließ sich neben mich fallen.

»Bist du müde?«, fragte ich etwas naiv.

»Nein«, sagte Gerald. Es klang erstaunlich überzeugend.

Schon hatte ich einen geschickten, flinken Finger zwischen den Beinen. Bald darauf war es wieder Geralds Zunge, die meine Vagina bearbeitete, und endlich wieder sein Schwanz. Gerald war jetzt um ein Vielfaches härter, wahrscheinlich weil er sich mehr hingeben konnte, wenn er keine Ejakulation zurückhalten musste. Mein zweiter Orgasmus schien gar nicht mehr aufzuhören. Ich bekam ihn, als Gerald mein gesundes Bein in die Arme nahm und gegen seine Schulter lehnte, während mein schwaches verletztes Bein auf der Matratze blieb. In dieser Scherenstellung konnte er viel tiefer in mich hinein. Während ich zuckte, jammerte und schrie, stieß er unaufhörlich mit seiner prallen Eichel gegen meinen Gebärmutterhals.

Ich bekam sehr bald einen weiteren intensiven Orgasmus. Danach merkte ich, dass ich nicht mehr konnte. Meine Leistengegend tat weh, ich spürte plötzlich meinen Hals, der vom Oralsex in Mitleidenschaft gezogen war, und meine Vagina meldete sich auch zu Wort. Die Gegend um den Gebärmutterhals fühlte sich geschwollen an und die Nerven in meiner Klitoris sendeten Warnsignale an mein Gehirn. Gerald spürte meine Erschöpfung und das rasche Abebben meiner Geilheit. Sorgfältig legte er mein gesundes Bein neben das andere hin, sodass meine Vagina ganz eng war. Er stieß noch drei- oder viermal zügig zu. Dann krallte er sich an mich, drückte mich, keuchte und vergrub sich in mir.

Nach dem Sex lagen Gerald und ich eine Weile eng umschlungen im Bett. Wir schliefen ein bisschen. Dann stand er auf und räumte seine Einkäufe ein, während ich im Bett blieb. Er kam noch, um sich zu verabschieden. Dann fuhr er zu seiner Familie zurück.

Ich schlief wie ein Engel, doch mitten in der Nacht wachte ich auf. Ich war durstig und unruhig. Ich wollte mit jemandem sprechen. Also stieg ich aus dem Bett und übersiedelte aufs Sofa vor dem Fernseher, meinem Gesprächspartner Nummer eins. Gut, dass ich nur einen Tag allein aushalten muss, dachte ich. Morgen würde Franz kommen. Jetzt, da ich wieder einmal mit einem Mann geschlafen hatte, war meine Lust auf Sex endgültig neu erwacht.

Franz läutete pünktlich um halb eins. Meine Männer kamen meistens zu Mittag, weil sie abends bei ihren Familien oder Freundinnen sein mussten. Ich öffnete ihm frisch geduscht, im Morgenmantel und mit Krücken. Nach unserer etwas einsilbigen Begrüßung kam er zur Sache.

»Also los«, sagte er. »Auf welches Bein muss ich aufpassen? Auf das rechte?«

»Auf das linke.«

Wir gingen ins Schlafzimmer. Er zog sich die Hose aus und behielt das Unterhemd an. Ich legte meinen Morgenmantel ab und platzierte mich auf der Matratze. Er fickte mich, kam in mir, stand auf und zog sich die Hose wieder an.

»Was ist mit dir?«, fragte ich. »So schweigsam kenne ich dich gar nicht.«

»Nicht wichtig«, sagte er.

»Hast du ein Problem mit deiner Freundin?«

»Nein.«

»In der Arbeit ist alles in Ordnung?«

»Ja. Aber wenn etwas nicht in Ordnung wäre, würde ich es dir nicht sagen.«

Ich hatte ihn schon einige Male so grob erlebt. Bisher konnte mich das nie verletzen. Diesmal schon.

»Sehen wir uns wieder?«, fragte ich trotzdem.

Er hatte sich inzwischen die Schuhe angezogen.

»Klar. Auf Wiedersehen, Elfriede. Danke.«

Dass er sich bedankte, stimmte mich wieder besser.

»Ruf mich einfach an«, sagte ich und legte die Hand auf mein wundes Bein.

4

Nur nicht wegen Franz in eine Krise stürzen, dachte ich. Kaum hatte er meine Wohnung verlassen, nahm ich das Telefon und rief Jochen an. Er hob nicht ab. Er wird mich sicher zurückrufen, dachte ich. Franz konnte mir egal sein. Ich hatte ja Gerald. Und bald würde ich Jochen treffen. Doch dann dachte ich an Hermann, der immer wie ein Lieblingsenkelsohn zu mir gekommen war. Hermann hatte sich nicht mehr bei mir gemeldet. Ich wollte Franz nicht auch noch verlieren.

Das Telefon klingelte.

»Frau Vavrik, wie schön«, sagte die Stimme von Jochen. »Ich hatte gar nicht mehr gehofft, dass Sie sich noch melden.«

Er klang, als wäre er ziemlich außer Atem.

»Wenn ich sage, dass ich mich melde, dann tue ich es auch«, sagte ich.

Er räusperte sich etwa eine halbe Minute lang.

»Gut, was machen wir also?«, fragte er.

»Möchten Sie mich in Laxenburg besuchen? Dann machen wir es uns gemütlich.«

»Wann hätten Sie denn Zeit?«

»In dieser Woche, wann Sie wollen.«

»Ich rufe Sie in zwei Minuten wieder an, wenn ich darf«, sagte er. »Ich muss nur etwas nachsehen.«

Wir verabschiedeten uns voneinander und legten auf. Trotz der vielen Erfahrungen, die ich in relativ kurzer Zeit mit Männern gesammelt hatte, war ich aufgeregt wie ein kleines Mädchen. Es war klar, was er wollte. Sex, und zwar nur so. Die schüchterne und höfliche Art, auf die er sich darum bemühte, machte mich ganz kribbelig. Dieser Jochen war eine Herausforderung. Nach genau zwei Minuten läutete das Telefon wieder.

»Morgen um drei Uhr am Nachmittag«, sagte Jochen ohne Einleitung. »In Laxenburg.«

Ich gab ihm die Adresse.

»Gut, bis morgen«, sagte ich. »Ich freue mich auf Sie.«

Jochen kam mit einem Sträußlein Vergissmeinnicht. Die hellblauen Blüten leuchteten vor seinem dunklen Anzug. Seine Haare waren schon grau, aber sonst sah er noch frisch wie ein Dreißigjähriger aus. Ich sah in seine Augen und auch die strahlten hellblau wie die Blumen in seiner Hand. Sein Blick war durchdringend. Er war groß, sodass ich zu ihm aufsehen musste. Ich fühlte mich sofort zu ihm hingezogen.

»Ich bin Elfriede«, sagte ich und reichte ihm die Hand.

Er benahm sich wie ein Gentleman aus dem Bilderbuch.

»Jochen. Sehr erfreut, liebe Elfriede.«

Er reichte mir die Blumen.

»Die sind aus dem Laden, weil ja noch Winter ist. Im Frühling bringe ich dir welche aus meinem Garten«, sagte er.

Ich bat ihn, Platz zu nehmen, und reichte ihm Tee. Warum fühlte sich das Ganze auf einmal an, als wäre ich verliebt? Ich war unruhig. Er zum Glück auch. Beim Tee plaudern konnte er vermutlich auch mit seiner Großtante. Nur so – das war unsere Vereinbarung, und sie hieß auch, keine Zeit zu verlieren.

»Du bist gekommen, weil du mich anfassen möchtest?«, sagte ich ohne Umschweife.

Er antwortete förmlich, doch seine Augen blitzten dabei auf.

»Das ist richtig«, sagte er.

»Bei welchem Körperteil möchtest du anfangen?«

Ich nahm seine Antwort vorweg, indem ich ihm zärtlich über die Wange strich.

So streichelten wir uns gegenseitig, bis wir uns küssten. Dann führte ich seine Hände unter meine Bluse zu meinen Brüsten. Ich fand schon eine ganze Weile, dass meine Brüste jetzt im Alter besser aussahen als früher. Ich war immer so mager gewesen. Jetzt war ich voller und meine Brüste waren schwerer. Ich fand das gut und Jochen scheinbar auch. Er wurde ganz wild, als er eine meiner Brüste in seiner Handfläche barg. Höflich wie schon die ganze Zeit fragte er, ob wir nicht ins Bett gehen wollten. Ich nickte.

»Du musst nur vorsichtig mit meinem Bein sein«, sagte ich.

Es war mein bester Sex seit langem. Es lag nicht an Jochens Technik, doch er war so sehr von Zärtlichkeit und Wärme erfüllt, dass ich am liebsten bis in alle Ewigkeit weitergemacht hätte. Zuerst massierte mich Jochen liebevoll am ganzen Körper, wobei er an meiner Taille besonders lang verweilte. Immer wieder fuhr er mit den Händen von den Rippen zum Becken und umgekehrt. Dann wurde es finster. Jochen hatte das Licht ausgeschaltet.

Er konnte nicht wissen, dass ich auch zu härteren Vorspielen in der Lage war, dass ich Männern, die mir gefielen, so ziemlich alle Wünsche erfüllte. Wahrscheinlich zog er sein Becken deshalb immer zurück, wenn ich mit den Händen seinen Schwanz suchte, um nach seiner Härte zu fühlen.

Endlich drang er in mich ein und tastete mich mit seinem Schwanz von innen ab wie mit einem Blindenstab. Als er sich in mir zu Hause fühlte, bekamen seine Stöße einen angenehmen Rhythmus. Ich wunderte mich über die ungewöhnlichen Winkel, in denen er meine Scheidewände berührte. Das war aufregend. Als ich knapp vor dem Orgasmus war, rutschte er aus mir heraus und leckte mich ausgiebig, um dann wieder in mich hineinzugleiten. Er wurde nicht wilder und schneller in seinen Bewegungen, sondern besonders langsam und einfühlsam. Am Ende drang er zweimal in absoluter Zeitlupe tief in mich ein und schon begann ich zu zucken und zu jammern und kam so heftig wie schon lange nicht mehr. Es machte ihn glücklich. Er hielt mich fest, und ich hatte das Gefühl, seine einzige und große Liebe zu sein. Als ich wieder ruhig war, machte er noch einen etwas festeren Stoß und spritzte keuchend ab. Diesmal umklammerte ich ihn so, als ob er mein Liebster wäre und das schon mein ganzes Leben lang.

Er hatte noch Zeit bis zum frühen Abend, und so gingen wir eine kleine Runde spazieren. Ich kam mit den Krücken schon ganz gut zurecht. Die Physiotherapeutin, die mich regelmäßig besuchte, war offenbar geschickt.

Wir saßen schließlich in der schwachen Spätwintersonne auf einer Parkbank und unterhielten uns über Blumen. Er kannte sich gut aus. Er war Hobbygärtner und hatte einen Garten am Wiener Stadtrand. Von Beruf war er Arzt. Ich wollte mehr über sein Privatleben erfahren. Aber ich wollte nichts übereilen und ihn zu nichts zwingen. Deshalb erzählte ich ihm von mir. Von der Buchhandlung, die ich früher betrieben hatte. Von meinem ersten Mann, der schließlich in Konkurs ging, und von meinem zweiten, der Alkoholiker war. Ich erzählte auch über meine drei Söhne. Mir fiel auf, dass er sich lieber über Blumen als über Menschen unterhielt. Ab und zu seufzte er leise.

Als Jochen weg war, musste ich mich sofort noch einmal selbst befriedigen. Ich nahm dafür den Gartenschaufelgriff aus Plastik, der mir schon in der Vergangenheit wertvolle Dienste erwiesen hatte. Trotzdem war es ein neues Gefühl. Mein Verhältnis zu ihm hatte sich verändert, als er gleichsam ein Medienstar geworden war. Ich hatte ihn in meinem Buch ganz nebenbei erwähnt, und viele hatten darüber geredet, fasziniert, empört oder einfach amüsiert. Eigentlich merkwürdig. Was dachte die Welt denn, was all die alten Frauen taten, die sich nicht mehr an die Männer wagten, weil es nicht zum Rollenbild Oma passte? Sie waren noch immer Frauen, mindestens so sehr, wie sie es mit zwanzig, dreißig oder vierzig gewesen waren, wenn nicht sogar noch mehr. Ich fickte mich etwa zehn Minuten mit dem Schaufelgriff. Dann machte ich eine Pause und überlegte, ein neues Inserat aufzugeben. »Oma sucht Männer für hemmungslosen Sex.«

Ich war zu wild und machte lieber weiter. Es war wundervoll, an Gerald, Franz und Jochen zu denken und es mir dabei mit dem Plastikteil zu besorgen. All die Söhne, Töchter, Enkel und Enkelinnen, die meinten, den Sex für ihre Generation gepachtet zu haben, sollten es wissen. Sie sollten wissen, dass auch alte Damen ein spannendes Sexleben haben können, dass auch Frauen wie ich noch gierig sind wie in jungen Jahren, vielleicht noch gieriger.

Vor allem Jochen beflügelte meine Fantasien. Das Treffen mit ihm hatte mich aufgewühlt. Ich zog ein Kondom über den Griff und steckte ihn mir in den Hintern, während ich meine Klitoris rieb. Ich vergrub mein Gesicht im Kissen und nahm mich selbst so hart ran, dass glühender Schmerz durch mein verwundetes Bein schoss. Tränen traten mir in die Augen. Ich rieb mich noch schnell auf die Art, bei der ich rasch kam. Danach verkroch ich mich unter der Decke. Die Tränen in meinen Augen blieben, obwohl sich der Schmerz rasch wieder beruhigte. Vielleicht war meine Erschöpfung schuld daran, aber das allein war es auch nicht. Der Schatten kam zurück, der sich schon vor meinem Unfall über mich gelegt hatte. Es war der Schatten einer Einsamkeit, die ich mir nie eingestehen wollte.

Ich war zu einer Frau mit einer Botschaft geworden. Mit der Botschaft, dass Sex im Alter möglich ist und glücklich macht. Dabei hatte ich nie Ambitionen gehabt, die Welt zu retten. Ich war meistens genug damit beschäftigt gewesen, mich und meine Kinder zu retten.

Mein neues Leben hatte damit angefangen, dass ich meine Buchhandlung aufgab und mir die Decke auf den Kopf fiel. Das einzige Mittel, das mir gegen meine Schlafstörungen einfiel, war die Selbstbefriedigung. Als ich das meinem Arzt erzählte, empfahl er mir, einen Mann zu suchen. Warum war ich im ersten Moment so entsetzt darüber gewesen? Hatte ich wirklich gedacht, dass das mit meinen damals neunundsiebzig Jahren nicht mehr möglich war? Oder hatte ich nur Angst vor Nähe gehabt? Sex ohne Bindung. Das war meine Konsequenz daraus gewesen, die Konsequenz aus einer nicht eingestandenen Angst. Aber vielleicht war da mehr, das ich wollte. Ich wagte das Wort kaum zu denken. Liebe.

Gerald war ein guter Freund. Ich war eine alte Frau, die mit einem guten Freund vögelte. Es war schön mit Gerald, sehr vertraut. Aber hat je eine Frau, egal welchen Alters, ihre Erfüllung beim Vögeln mit einem guten Freund gefunden?

Ich ließ die vergangenen Tage Revue passieren. Ich war nicht nur eine alte Frau, die mit einem guten Freund vögelte, sondern auch noch eine, die sich von einem anderen Mann gefühl- und rücksichtslos nehmen ließ. Von Franz. Obwohl er so kalt und hart gewesen war, machte ich mir doch immer noch Sorgen, dass er nicht wiederkommen würde. Gut, er verschaffte mir viel Lust. Aber auch Schmerzen. Was alles würde ich noch von ihm akzeptieren, um ihn nicht als Liebhaber zu verlieren? Wie sehr versteckte sich hinter meiner Lust eine Sehnsucht nach Nähe, die ich mir aus Angst noch nie eingestanden hatte? Wie sehr wünschte ich mir einen Mann, der für mich da wäre, der treu wäre und auf dessen Liebe ich mich immer verlassen könnte?

Ich war auch eine alte Frau, die sich benahm wie eine Hure. Jochen. Er war für Sex gekommen, ein bisschen schüchtern, was dem Ganzen eine romantische Note gegeben hatte. Ich hatte mich professionell verhalten. Keine Zeitverschwendung, gleich zur Sache. Ich war eine gute Prostituierte gewesen, und ich hatte nicht einmal Geld dafür genommen, sondern nur einen Spaziergang mit Oma.

Durch mein Buch und alles, was damit zusammenhing, war ich in ein neues Leben geworfen worden, mit dem ich mich schwertat. Es wäre mir sicher alles leichtergefallen, wenn ein Mann an meiner Seite gestanden hätte, der nur für mich da war. Ich war schon ein gutes Stück eines Weges gegangen, ich hatte viele Männer kennengelernt, hatte mich getraut, ihnen näherzukommen. Jetzt musste ich noch Kraft finden, zum Ziel zu gelangen und den Mann fürs Leben zu finden. Den einen richtigen und wahren und besten.

Ich öffnete die Augen und starrte zur Decke hinauf. Der Schaufelgriff lag noch immer in meiner Hand, die sich kraftlos geöffnet hatte. Mein Leben war aufregend geworden, doch es würde nur aufregend bleiben, wenn ich mich weiterentwickelte. Mich weiterzuentwickeln hieß, dass ich mich meinen Ängsten stellen musste. Ängsten, die sich nach zwei gescheiterten Ehen tief in mich eingegraben und in vierzig Jahren ohne Liebe in mir konserviert hatten. War ich schon bereit zu sterben? Nein. Das wusste ich, seit ich im Krankenhaus gelegen hatte. Leben hieß auch, mich von meiner Neugierde führen zu lassen. Ich brauchte mich nicht mehr mit alten Lasten abzuschleppen. Ich konnte sie einfach über Bord werfen. Was genau riskierte ich in meinem Alter noch? Wenn ich es mit neunundsiebzig noch geschafft hatte, meine Lust neu zu entdecken, dann gelang es mir vielleicht mit über achtzig, den Mann fürs Leben zu finden.

Ich war müde, doch meine Augen blieben wie von selber offen stehen und ein Kribbeln durchlief meinen Körper. Vielleicht war ich gerade euphorisch und vielleicht würde ich noch ein paar Momente der Mutlosigkeit erleben, doch ich wusste, dass ich und nur ich Meisterin meines Lebens war. Was in meinem Kopf passierte, wurde meine Wirklichkeit, und deshalb wusste ich, dass gerade ein neuer Abschnitt in meinem Leben begonnen hatte. Es war mir egal, wie er ausgehen würde. Es ging um den Versuch. Der Versuch allein würde diesen Abschnitt zum besten meines Lebens machen.

Jochen rief spontan an und wollte noch am gleichen Tag zu mir kommen. Die Haushaltshilfe, die der Verlag für mich organisiert hatte, war gerade da. Ich konnte die dralle Fünfzigjährige, die immer im Jogginganzug arbeitete, nicht besonders leiden. Ich hätte auch keiner anderen Frau gerne dabei zugesehen, wie sie sich an meinen Sachen und an meiner Wohnung zu schaffen macht. An diesem Tag hatte sie auch noch den Schlüsselbund verloren, den ich ihr überlassen hatte. Ich schickte sie weg. Ich wollte mit Jochen ungestört sein und möglichst viel Zeit in trauter Zweisamkeit mit ihm verbringen.

Auch dieses Mal gingen wir wieder ohne viele Umschweife miteinander ins Bett. Ich fühlte mich dabei nicht wie eine Hure. Vielleicht lag es nur daran, dass ich diesmal etwas anderes bei ihm suchte als beim letzten Mal. Ich war nervöser als bei unserem ersten Treffen und blieb es auch nach dem Sex. Er schien das zu spüren.

»Es ist wirklich schön mit dir«, sagte er. »Ich fühle mich bei dir so, als wären wir schon seit langem ein Paar.«

Er sah mir in die Augen. Ich konnte mich kaum bewegen. Ein Hauch von Mädchensein wehte mich an, aber dieser Hauch war stark genug, um mich vollends zu lähmen. Nichts an mir und nichts in mir war in diesem Moment über achtzig Jahre alt. Meine Seele badete in den Worten, die Jochen gerade gesagt hatte, interpretierte sie und nährte sich an ihnen. Glück, dachte ich. Ich erlebte gerade einen Moment von Glück. Aber ich wusste auch, dass der aktuelle Glücksmoment immer der allergrößte von allen zu sein schien.

»Und weißt du was?«, sagte Jochen. »Das Tollste dabei ist, dass wir Sex nur so haben können, ohne alles, ohne Bindung, ohne Verpflichtungen.«

Mir fiel die Kinnlade bis zum Bauchnabel herunter. Ich hätte es erwarten müssen, doch ich hatte es nicht erwartet, und es passte überhaupt nicht in meinen Plan. Ich schwieg. Jochen fing plötzlich an, mir von seiner Frau zu erzählen. Sie war schwer krank. Bei einer Reise durch Südamerika hatte sie ein seltener Parasit befallen. Er selbst und alle behandelnden Ärzte hatten die Symptome zuerst falsch interpretiert. Erst als der Parasit und die Medikamente ihren Körper schon zerfressen hatten, hatte ein Spezialist die richtige Diagnose gestellt. Viele Organe und auch ihr Gehirn waren zu diesem Zeitpunkt schon stark in Mitleidenschaft gezogen gewesen. Jochen war wegen seiner Fehleinschätzung derart verunsichert gewesen, dass er seine Praxis aufgegeben hatte, um nur noch für sie da zu sein. Na toll, dachte ich, als er immer wieder betonte, wie sehr er seine Frau liebte. Ich hätte ihm gerne den Weg zur Tür gezeigt. Doch er entschuldigte sich unaufhörlich mit geröteten Augen für seinen Ausbruch.

»Ich kann schon lange nicht mehr mit ihr schlafen«, sagte er. »Ich war ihr viele Jahre immer treu, aber dann habe ich es nicht mehr ausgehalten. Zuerst wollte ich zu einer Prostituierten gehen, aber dann habe ich dich gefunden. Ich habe mein ganzes Leben nur noch für sie geführt, aber jetzt kann ich nicht mehr. Der Druck ist zu groß.«

Ich fühlte mich schlecht, weil ich am Betrug an einer kranken Frau beteiligt war. Gerald und Karl waren auch verheiratet, und bei ihnen störte es mich nicht. Im Gegenteil. Ich hatte oft das Gefühl, dass meine Zusammenkünfte mit ihnen ihre Ehen verbesserten. Die Männer konnten sich bei mir ausweinen, abreagieren, aussprechen. Ich gab ihnen Ratschläge und fand nichts dabei. Bei Jochen war es wohl auch nicht nur deshalb etwas anderes, weil seine Frau krank war. Etwas in mir war bereit gewesen, mit einer anderen Frau um ihn zu kämpfen. Mit einer kranken Frau zu konkurrieren, war aber nicht fair.

»Können wir uns auch weiterhin auf diese tolle Art treffen?«, fragte er.

Ich antwortete geistesabwesend.

»Natürlich.«

Weiblich, 82, sucht die Liebe, dachte ich, als er gegangen war. Das gab es ja nicht einmal im Film.

5

Mit einem privaten Krankentransport ließ mich der Verlag zu einer Lesung in einem Sexshop für Frauen bringen. Ich sollte nicht aus meinem Buch lesen, in dem ich meine eigene Geschichte niedergeschrieben hatte, sondern aus erotischen Kurzgeschichten, die ein Hobby von mir waren.

Es war mein erster Auftritt nach meinem Unfall. Ich war etwas unsicher, weil ich nicht wusste, wie eine Sex-Oma mit Krücken ankommen würde. Aber ich war nie wehleidig gewesen, wenn es darauf angekommen war. Ich konnte lächeln, wenn ich Schmerzen hatte. Das gab mir Sicherheit. Und ich hoffte, dass die Zuhörer spüren würden, dass ich wirklich noch lebte, dass ich die Lust gefunden hatte und nicht mehr losließ. Vielleicht spürten sie aber auch, dass ich nur noch halb bei der Sache war, weil ich inzwischen in Wirklichkeit etwas anderes suchte.

Es war ein hübscher kleiner Laden im Wiener Stadtzentrum mit Vibratoren, Gels, Lektüre und erotischen Accessoires. Von meinem Buch gab es einen Extra-Stapel. Ich konnte mir nicht vorstellen, dass die Inhaberin des Geschäfts mit solchen Waren reich wurde, doch sie empfing mich guter Dinge und sehr zuvorkommend.

»Wo wollen Sie sitzen? Brauchen Sie Extra-Licht zum Lesen? Ein Glas Wasser? Darf unser Fotograf gleich ein Foto von uns machen, damit wir es nachher nicht vergessen? Lesen Sie nur oder sind Sie auch zu einem Gespräch mit den Gästen bereit?«

Ich nahm in einem bequemen weißen Sessel Platz, den die Inhaberin mit einer Gehilfin vor einen Ständer mit Negligés rückte. Zu meiner Überraschung war das erste Gesicht, das ich sah, das von Gerald. Er legte den Zeigefinger auf seine Lippen und bedeutete mir so, dass ich ihn nicht als Hauptfigur meines ersten Buches entlarven sollte. In stillschweigendem Einverständnis lächelte ich ihn an.

»Du wirst dich wundern, was ich lese«, raunte ich ihm zu.

Ich begrüßte das Publikum und las dann eine Geschichte, die ich mitten im Trubel um mein Buch für Gerald geschrieben hatte.

Ein Freund ohne Gesicht

»Ich kenne einen Mann, dem du helfen könntest«, sagte mein Freund Gerald eines Tages zu mir. »Er wäre dir wahrscheinlich sein Leben lang dankbar dafür.«

Der Mann, den er meinte, hatte sich bei einem Autounfall dermaßen das Gesicht zerschnitten, dass ihn selbst seine Familie nicht mehr erkannte. Auch ein Auge hatte er dabei verloren. Vor allem hatte er alle sozialen Kontakte eingebüßt. Seine Frau hatte sich scheiden lassen. Er versteckte sich nur noch daheim. An eine neue Frau konnte er nicht denken. Ich war einverstanden, ihn ein bisschen zu trösten.

»Hast du keine Angst?«, fragte mich Gerald.

»Vor einem entstellten Gesicht? Dafür bin ich nun wirklich schon zu alt.«

»Es ist nicht nur das. Mein Freund ist seit dem Unfall auch etwas labil. Er ist manchmal unberechenbar.«

»Damit komme ich zurecht«, sagte ich. »Das seid ihr Männer schließlich alle.«

Ein wenig zögerte ich, weil ich erfuhr, dass es der Mann ausgerechnet in einem Taxi mit mir treiben wollte. Ich wunderte mich darüber. Warum brauchte einer, der seit langem keine Chance mehr auf Sex gehabt hatte, auch noch einen Extra-Kick? Doch die Idee, mit einem wildfremden Mann ohne Gesicht in einem Taxi zu vögeln, erregte mich. Ich stellte mir vor, wie wir mit dem Taxi durch die Nacht rasen würden, ganz wie in einem Thriller, der im nebligen England spielte.

Gerald und ich warteten an einer Bushaltestelle in einem der Wiener Außenbezirke auf das Taxi. In regelmäßigen Abständen klatschten Autoreifen durch eine Pfütze vor der Haltestelle.

»Du kannst es dir immer noch überlegen«, sagte Gerald.

»Ich frage mich bloß, wie das gehen soll, ohne dass uns der Fahrer hinauswirft.«

»Deswegen brauchst du dir keine Sorgen zu machen.«

»Er ist informiert und bekommt den doppelten Fahrpreis?«

»Jetzt hast du doch Angst bekommen.«

»Ich frage mich bloß, ob ich einem Haufen Verrückter in die Hände gefallen bin.«

»Du bist doch selbst verrückt«, sagte er. »Also was soll's.«

Ich setzte mich auf den Rücksitz des Taxis neben einen Mann, der von mir abgewandt aus dem Fenster blickte und eine dunkle Kapuze über den Kopf gezogen hatte. Gerald zwickte mich leicht in den Arm.

»Alles ist gut«, sagte er.

»Findest du es aufregend, dass mich dein Freund vögelt?«, flüsterte ich ihm zu, doch ich bekam keine Antwort mehr.

An dieser Stelle hob ich den Blick von meinem Text. »Gerald gibt es wirklich«, sagte ich, ohne in Geralds Richtung zu blicken. »Ich habe diese Geschichte für ihn geschrieben und über diese Stelle haben wir diskutiert. Nein, meinte er, er würde es eigentlich nicht aufregend finden, wenn ich wirklich einen seiner Freunde vögeln würde. Er wüsste ja ohnehin, dass ich mit aller Welt vögeln würde.« Das Publikum lachte. Ich las weiter.

Die Reifen des Taxis klatschten durch die Pfütze.

»Du weißt, was du zu tun hast«, sagte der Mann neben mir.

Für einen Hilfsbedürftigen klang er ziemlich forsch. Doch wer helfen will und auf Dankbarkeit setzt, ist in Wirklichkeit nur eitel und wird letztendlich enttäuscht. Das wusste ich lange genug.

»Guten Abend«, sagte ich.

»Schön, dass du da bist«, sagte der Fremde jetzt.

Er sprach undeutlich. Vermutlich war auch seine Zunge zerschnitten worden oder sein Unterkiefer deformiert.

»Sieh mich nicht an«, sagte er in seinem ursprünglichen schroffen Tonfall. »Ich will nicht, dass du mein Gesicht siehst. Nur meinen Schwanz darfst du sehen. Nimm ihn in den Mund.«

Seine Hose war schon aufgeknöpft.

Einen Moment lang hätte ich am liebsten um Hilfe geschrien. Doch Gerald war weit weg und der Fahrer war mit dem Fremden vermutlich im Bunde. Doch was immer sie sich da ausgedacht hatten, es war für einen, den das Leben hart rangenommen hatte. Mit diesem Gedanken kam ich erst richtig in dem Auto an, und auf einmal fand ich den kalten forschen Ton des Fremden erregend.

Ich tat das, wofür ich gekommen war. Sein steifer Schwanz sah gut aus. Er war ganz regelmäßig gebaut und nur leicht nach oben gebogen. Die Eichel glänzte prall und ihre Haut war vollkommen glatt. Es war ein Schwanz wie aus dem Bilderbuch. Eine Seltenheit. Ich leckte einige Male über seine volle Länge und spielte mit der Zunge mit dem Häutchen zwischen Vorhaut und Eichel. Dann nahm ich die Eichel zwischen die Lippen und schob mir den Schwanz langsam in den Mund, bis er im Hals anstieß. Diese Bewegung machte ich ganz langsam einige Male. Doch da nahm mich der Fremde am Hinterkopf und drückte mich gegen sich, bis ich würgte. Ich wollte ihn wegdrücken, aber er war natürlich stärker. Als er mich losließ, schnappte ich nach Luft, meine Augen tränten und in meinem Kopf schlug der Puls.

»Idiot«, sagte ich.

Aus dem Augenwinkel sah ich, dass das Taxi stadtauswärts zur Autobahn fuhr. Weil ich verwirrt war, lachte ich unwillkürlich.

»Ich war zu hart, tut mir leid«, sagte der Fremde. »Jetzt mach weiter, ich werde dir nicht mehr wehtun.«

Ich sah weiterhin nur seine Kapuze. Der hübsche Schwanz überzeugte mich, seinem Wunsch zu entsprechen. Nur nahm ich das Ding vorsorglich in die Hand, um ihm im Notfall Schmerzen zufügen zu können. Doch diesmal ließ er meinen Hinterkopf in Ruhe. Stattdessen hob er meinen Rock und bearbeitete durch die Unterhose meine Schamlippen. Das fühlte sich gut an. Er war zwar recht resolut, aber nicht unzärtlich. Endlich schob er meine Unterhose zur Seite und fuhr mit einem Finger in meine Scheide. Er bewegte den Finger erst langsam, dann zügig, bis ich feucht war. Dann suchte er mit dem nassen Finger meine Klitoris. Er fand sie und massierte sie auf eine dermaßen vorzügliche Weise, dass ich mit dem Schwanz im Mund am liebsten geschrien hätte. Er kreiste um den Kitzler herum, strich von einer Seite zur anderen, tupfte ihn an. Alles, was er tat, war sehr überraschend. Ich bekam eine Gänsehaut und gleichzeitig schoss mir heißer

Schweiß aus allen Poren. Jetzt behandelte er meine Vagina mit beiden Händen. Ich reckte meinen Hintern in die Höhe. Die Tatsache, dass meine weißen Hinterbacken nun vermutlich genau im Rückspiegel des Fahrers wie in einem Fernseher zu sehen waren, erregte mich noch mehr.

Jetzt warf ich Gerald doch einen Blick zu. Ich erinnerte mich daran, wie er sich über diese Stelle mokiert hatte. »Deine Hinterbacken im Rückspiegel?«, hatte er gemeint. »Wow! Du musst mir einmal zeigen, wie das geht.«

Irgendwann hielt ich die Erregung nicht mehr aus. Ich ließ den Schwanz los und setzte mich meinem mysteriösen Fremden mit einem Ruck auf den Schoß. Schon packte ich seinen Schwanz und führte ihn mir ein. Mit beiden Händen umfasste ich seinen Hals und begann mit den rhythmischen Bewegungen.

Er keuchte. Ich sah durch das Rückfenster, dass wir mit hoher Geschwindigkeit über die Autobahn fuhren. Dann drehte ich mich um und erkannte die dunklen Augen des Fahrers, die mich durch den Rückspiegel gierig beobachteten. Seine Augenbrauen waren dicht und buschig.

Meine Geilheit ließ für kurze Zeit nach, weil ich plötzlich grübeln musste. Ich glaubte, eine Erklärung gefunden zu haben, warum der Mann den Extra-Kick auf der Autobahn brauchte. Er hatte sein gutes Aussehen, seine Gesundheit und nicht zuletzt sein zufriedenes Leben bei einem Autounfall verloren. Vielleicht wollte er so sein Trauma überwinden.

Er unterbrach mich in meinen Überlegungen, als er mich mit seinen kräftigen Händen an der Taille packte. Er hob mich hoch und legte mich auf den Bauch, sodass ich mit dem Kopf die Teppiche berührte. Mit einer Hand hielt ich mich an der Rückseite des Beifahrersitzes fest.

»Fahr schneller«, sagte der Mann zum Fahrer.

Der Wagen beschleunigte. Der Fremde gab mir mit der flachen Hand einen Klaps auf die Schamlippen. Dann krallte er sich in meine Hinterbacken, schob sie weit auseinander und stieß seinen Ständer in meine Muschi, als wäre er ein Speer. Er fickte mich so hart und ich befand mich in einer so verbogenen Stellung, dass ich kurz um meine Wirbelsäule fürchtete. Aber bald bemerkte ich, wie er weiterhin unglaublich perfekt meine Klitoris massierte. Ich entspannte mich und kam nach einer kurzen Weile. Ich jaulte auf vor Wonne.

»Das gefällt dir, du Hure, was?«, sagte der Fremde und keuchte dabei wie ein wildes Tier, das gerade eine Hirschkuh erlegt hat und sie mit den scharfen Zähnen zerlegt.

Unglaublich, dass so viele Männer vulgär werden müssen, wenn sie mich von hinten nehmen.

»Jetzt machen wir etwas, das wirst du noch mehr mögen, du Fotze«, keuchte er.

Er zog wieder meine Hinterbacken auseinander, spuckte dazwischen, zog seinen Schwanz aus meiner Scheide und steckte ihn mir in das andere Loch. Es brannte unglaublich. Er ging dermaßen rücksichtslos vor, dass ich Sternchen vor den Augen sah.

»Willst du sie umbringen?«, fragte der Taxifahrer.

Es klang, als wäre es nicht bloß eine rhetorische Frage.

Spätestens jetzt war mir dieses Abenteuer zu viel. Und es wurde noch schlimmer. Der Fremde nahm mich am Hals, hob meinen Kopf hoch und würgte mich. Ich schlug mit den Händen um mich, aber es war nichts zu machen. Ich war völlig in seiner Gewalt.

»Ich mache mit dir, was ich will!«, schrie er. »Ich bring dich um, wenn ich will, du bist meine verdammte Hure!«

»Wir hätten sie ausziehen sollen«, sagte der Fahrer.

Ich wollte nicht einmal mehr nach Hause, ich wollte nur noch, dass das aufhört. Ich hatte Angst zu ersticken, und sobald ich endlich Luft holen konnte, hatte ich Angst, dass er mir mit einer ungeschickten Bewegung das Genick brach. Als er endlich meinen Hals losließ, um mich mit der flachen Hand auf den Hinterkopf zu schlagen, spürte ich wieder die wahnsinnigen Schmerzen in meinem Hintern.

Und dann kam er endlich, wobei er noch lauter und vulgärer und detailreicher als zuvor drohte, mich umzubringen. Er spritzte in mich ab und ließ mich fallen. Ich weinte vor Schmerzen und Erleichterung.

»Fahren wir wieder zurück?«, fragte ich nach einer langen Stille.

Keiner der beiden antwortete. Ich blieb liegen und wagte nicht, mich zu bewegen.

»Halte hier an«, durchbrach endlich Geralds verfluchter Freund das Schweigen.

Der Wagen wurde langsamer und hielt auf einem einsamen Autobahnrastplatz.

»Steig aus«, befahl mir mein Peiniger. Ich merkte, dass seine Stimme irgendwie verzweifelter klang als zuvor.

Ich bewegte mich nicht. Der Mann ohne Gesicht riss die Tür auf, ging um das Auto herum, öffnete die andere Tür und zerrte mich hinaus in den Regen. Ich stand mit hinuntergezogenem Rock da. Jetzt ist es aus, dachte ich.

Der Fremde zerrte mich in das Scheinwerferlicht. Meine Knie wurden weich und ich sackte zusammen. Er stellte mich wieder auf die Beine und zog mir das Oberteil aus. Dabei stand er hinter mir, damit ich ihn nicht ansehen konnte. Dann hielt er meine Augen zu und drehte mich um, fasste mir auf die Brüste.

»Ich will sie auch ficken«, sagte der Fahrer, der ebenfalls ausgestiegen war.

Zum Glück kam gerade ein anderes Auto auf den Rastplatz.

»Nein, wir fahren zurück«, sagte der Fremde. »Nimm die Hure zu dir nach vorn.«

Der Fahrer schob den Beifahrersitz zurück, stieß mich in den Wagen und warf meine Kleider auf den Rücksitz.

Als wir losfuhren, verbot er mir, meine Brust und meine Scham mit den Händen zu bedecken. Dann holte er seinen Schwanz heraus und befahl mir, ihn mit den Händen zu befriedigen, während er steuerte. Das war wohl wirklich das geringste Übel an diesem ganzen dummen Ausflug.

Während ich mit Tränen in den Augen seinen Penis bearbeitete, bemerkte ich, dass der Mann ohne Gesicht auf der Rückbank weinte. Das freute mich. Ich wünschte mir, dass er depressiv wurde und sich zu Hause erhängte.

Wir fuhren von der Autobahn ab, drehten eine Runde, kehrten auf die Autobahn zurück und fuhren nun endlich wieder in Richtung Wien.

Der Fahrer sah immer wieder von der Fahrbahn zu mir, betastete meine Brüste, mein Gesicht. Ich wollte es beenden und massierte ihn schneller und fester. Er stöhnte. Als er abspritzte, hielt er sich eine Hand vor den Schwanz, um sich nicht die Kleidung zu beschmutzen. Dann säuberte er seine Hand an meinem Gesicht und an meinen Haaren. Es war ekelhaft.

Wir fuhren eine endlose halbe Stunde, ohne dass jemand ein Wort gesagt hätte. Der Mann ohne Gesicht unterbrach die Stille nur durch lautes Schluchzen und zwischendurch mit

gezischten Schimpfwörtern wie »Scheißhure«. Schließlich wurde sein Weinen leiser und auch sonst beruhigte er sich.
»Zieh dich bitte wieder an«, sagte er. »Es tut mir so leid. Bitte verklage mich nicht. Willst du Geld? Ich habe viel Geld für dich mitgenommen.«
Dabei reichte er mir meine Kleider nach vorne. Ich schwieg.
»Es war wunderbar mit Ihnen. Sie sind die beste Frau der Welt«, sagte der Fahrer, um die Stimmung zu verbessern.
Ich traute mich immerhin wieder, mich zu bewegen.
»Habt ihr Taschentücher?«, fragte ich.
»Selbstverständlich«, sagte der Mann auf der Rückbank und reichte mir hilfsbereit eine Packung. Daraufhin brach er wieder in Tränen aus und jammerte wie ein Zwölfjähriger mit einem gebrochenen Finger.
Ich wischte mich überall ab. Nur die blauen Flecken auf meinem Hals gingen nicht weg. Mein Hintern brannte noch immer. Ich zog mich an. Die beiden boten mir an, mich nach Hause zu bringen. Das lehnte ich ab. Ich wollte zu Gerald zurück. Ich rief ihn mit dem Handy an, dass er wieder bei der Bushaltestelle warten sollte. Als wir dort angekommen waren und ich ausstieg, konnte ich kaum stehen. Ich fiel Gerald in die Arme. Aus der offenen Tür des Taxis hörte ich noch ein lautes »Entschuldigung«. Dann fuhr der Wagen mit quietschenden Reifen davon.
Gerald war sichtlich entsetzt, als er meine blauen Flecken sah. Aber er blieb ruhig, weil er wusste, dass ich jetzt nicht noch einen wütenden Mann brauchen konnte. Er wollte die Polizei rufen. Ich war dagegen. Ich wollte nach Hause. Gerald brachte mich heim und badete mich in meiner Wanne, dann wickelte er mich in eine Decke und legte mich ins Bett. Er blieb ausnahmsweise die ganze Nacht bei mir. Am Morgen

entschuldigte er sich ebenfalls tausend Mal. Ich erinnerte ihn daran, dass er mich ohnedies schon oft genug vor meiner Hilfsbereitschaft gewarnt hatte.

Erst am Nachmittag verließ mich Gerald, nachdem er sich vergewissert hatte, dass es mir wieder halbwegs gut ging. Ich wollte meine Wäsche vom Vortag waschen. Als ich meine Jacke in die Waschmaschine legte, fiel mir auf, dass sich in der Brusttasche etwas Großes und Schweres befand. Es war eine prall gefüllte Geldbörse und zwischen den Scheinen befand sich ein gefaltetes Blatt Papier. Mir ekelte vor dem Geld. Was für eine Frechheit nach allem. Ich nahm das Papier heraus, faltete es auf. Es war ein Brief. Ich zerknüllte ihn und warf ihn in hohem Bogen durch die Wohnung. Erst am folgenden Tag packte mich die Neugier und ich las den Brief doch.

Liebe Elfriede,

ich schreibe Ihnen diese Zeilen zur Vorsorge, weil ich nicht weiß, was morgen bei unserer Taxifahrt geschehen wird. Ich ahne aber, dass ich mich nicht richtig verhalten werde. Ich ahne, dass ein Tier in mir erwachen wird und dass ich Ihnen Schmerzen zufügen werde. Ich möchte, dass Sie wissen, wie viel mir der Verkehr mit Ihnen bis zum Ende meines traurigen Lebens bedeuten wird. Ich möchte, dass Sie wissen, wie sehr ich Sie, egal was morgen passiert, verehren werde bis in meinen Tod. Ich versichere Ihnen jetzt schon, dass nichts, was ich Ihnen morgen vielleicht antun werde, feindlich Ihnen gegenüber gemeint sein wird. Ich liebe Sie jetzt schon. Und ich weiß schon jetzt, dass ich Sie immer lieben werde. Sie sind eine wunderbare und mutige Frau. Dafür sollte die Welt Sie einmal belohnen. Die Welt wird Sie belohnen.

Mit den liebsten und ergebensten Grüßen

Ihr Ferdinand Sommerberger

Ich hob den Blick neuerlich. Applaus. Ich las noch zwei Geschichten. Die Lacher kamen an den richtigen Stellen und das überraschte Grinsen, als ich dann doch noch aus meinem Buch las, ebenfalls. Die Stelle mit dem Plastikschaufelgriff.

»Das war lange die traurige Wahrheit über mein Liebesleben und manchmal ist sie es noch«, sagte ich.

Die Besitzerin des Ladens überreichte mir daraufhin einen Vibrator. Das Publikum freute sich mit mir. Nun gab es Sekt, noch mehr Fotos und ein paar Autogramme. Ich unterhielt mich vor allem mit Gerald. Ich gestand ihm, dass ich mich nach einer richtigen Beziehung sehnte.

Er sah mich nachdenklich an.

»Vielleicht kommt es von deinem Unfall und legt sich wieder, wenn du ganz gesund bist.«

»Kann sein«, sagte ich, »aber das glaube ich nicht. Ich glaube, ich will aufs Ganze gehen. Wann, wenn nicht jetzt?«

Er lachte.

»Das sagen die Leute mit dreißig, mit vierzig und mit fünfzig. Du sagst es mit über achtzig. Du bist wirklich sehr mutig. Ich bewundere dich. Und ich traue dir alles zu.«

Ich war über mich selbst verwundert. So offen wie Gerald hatte ich mein neues Bedürfnis nicht einmal mir selbst eingestanden. Ich beobachtete ihn. Ein bisschen schien er besorgt zu sein, dass er mich auf diese Art verlieren könnte. Das freute mich. Doch gleich darauf gab er mir schon Tipps, wie ich vorgehen könnte.

»Warum versuchst du es diesmal nicht mit einer Dating-Plattform statt mit einem Inserat?«, sagte er. »Diese Dinge spielen sich jetzt im Internet ab.«

»Ich habe das Recht, ein bisschen altmodisch zu sein, oder nicht? Ich fühle mich sicherer mit einem Inserat. Vielleicht sehe ich mich auch einfach unter den Männern um, die mir begegnen.«

Wieder beobachtete ich ihn. Nein, er fühlte sich nicht angesprochen. Doch er schien zu spüren, dass ich ihm etwas verheimlichte. Plötzlich sah er mich mit großen Augen an.

»Du hast dich verliebt«, sagte er.

Ich nickte.

»In wen?«, fragte er.

»In einen Arzt.«

»Klingt nach einer guten Wahl.«

»Na ja. Er hat eine todkranke Frau, die er liebt.«

Gerald lachte laut auf, entschuldigte sich aber sofort.

»Dann hast du also schon wieder jemanden gefunden, dem du helfen kannst.«

Damit lag er wohl richtig. Meine Geschichte hatte ich nicht von ungefähr geschrieben. Mein Wunsch, traurigen Männern zu helfen, war schon immer ziemlich stark gewesen. Schon als kleines Kind hatte ich einmal einem Bettler mein ganzes Sparschwein geschenkt. Meine Mutter hatte mich dafür verprügelt. Ich fragte mich noch immer manchmal, wie viel in dem Schwein gewesen war.

»Na ja«, sagte Gerald. »Dann lass mich dich hiermit noch einmal vor deiner Hilfsbereitschaft warnen.«

6

Auf jeden Fall wäre es ein Fehler, wenn ich mich jetzt zu sehr auf Jochen fixieren würde. Also ließ ich mir von Gerald bei den Inseraten helfen. So hatten wir ein gemeinsames Thema und eine gemeinsame Beschäftigung, und ich fühlte mich ihm weiterhin verbunden wie einem treuen Freund, mit dem ich auch schlief. Jetzt betrübte es mich sogar selbst ein bisschen, dass letztere Facette unserer Freundschaft zu Ende gehen würde, wenn sich mein neuer Traum verwirklichen ließe. Wenn ich wirklich die große Liebe fand, dann duldete sie keine Nebenbuhler.

Doch je mehr wir an meiner Suche nach der großen Liebe für mich arbeiteten und je mehr Inserate Gerald für mich schaltete, desto stärker fühlte ich mich zu Jochen hingezogen. Der Frühling war endgültig gekommen und Jochen besuchte mich regelmäßig. Er kam so gut wie jede Woche. Immer hatte er Blumen dabei. Meistens stammten sie jetzt aus seinem eigenen Garten. Einmal brachte er Tulpen, dann wieder Märzenbecher oder auch einmal duftenden Lavendel aus dem Blumenladen. Unsere Treffen wurden immer entspannter. Wir hatten nicht den Zwang, jedes Mal miteinander schlafen zu müssen. Oft unterhielten wir uns einfach nur über das Leben.

Jochen hatte wie ich drei Söhne. Aber im Gegensatz zu mir hatte er zu allen dreien ein gutes Verhältnis. Zwei seiner Söhne waren schon verheiratet und hatten Kinder. Jochen zeigte mir die Fotos. Lauter strahlende Gesichter.

»Das sieht nach harmonischem, ungetrübtem Familienleben aus«, sagte ich.

»Ist es auch. Wieso?«

»Mein mittlerer Sohn will mich nicht mehr sehen und ich kämpfe auch nicht mehr um ihn«, sagte ich.

Der Gedanke machte mich traurig.

»Wie ist das passiert?«

»Er hält mich wohl für eine schlechte Mutter. Ich kann es ihm nicht verübeln, denn ich hatte kaum Zeit für meine Kinder. Ich hatte von meinen beiden Ehemännern nur Schulden geerbt und hatte in meiner Buchhandlung viel zu tun. Dann war ich depressiv und oft über Wochen kaum ansprechbar. Ich hatte den Männern abgeschworen und fühlte mich dabei einsam.«

Jochen nickte und schwieg eine Weile. Seine Miene war nachdenklich und finster. Endlich hob er die Augenbrauen.

»So kann es gehen. Wir alle machen Fehler. Ich auch. Aber ich versuche, soweit es geht, zu meiner Familie zu halten. Deswegen kann ich auch meine Frau jetzt nicht verlassen.«

»Das verstehe ich«, sagte ich.

Wieder einmal schoss mir durch den Kopf, wie schrecklich wir uns seiner kranken Frau gegenüber verhielten. Wenn Jochens strahlende Söhne über unser Verhältnis Bescheid wüssten, wären sie ihrem Vater bestimmt nicht mehr so treu ergeben. Ich fühlte ein Kribbeln im Hals, eines von der Art, wie ich es bekam, bevor ich in Tränen ausbrach.

Um alles zu vergessen, um wenigstens kurz von dieser Welt zu verschwinden, schloss ich die Augen und vergrub mein Gesicht in Jochens Armen. Bald darauf drückte ich meinen Schritt gegen sein Knie und drängte ihn, mit mir gleich hier im Wohnzimmer zu schlafen. Es war unglaublich zärtlich. Alles ging in absolutem Schneckentempo vor sich, und es war doch wie eine Lawine.

Eine völlig lautlose Zeitlupenlawine, die Häuser abträgt und Bäume entwurzelt, um sie an einen schöneren Ort zu bringen. Jochens Hose war heruntergezogen. Er hielt sich die Hände vor seinen Schwanz und versteckte ihn, als wäre er ein heiliger Kultgegenstand, den eine Uneingeweihte nicht ansehen darf. Ich wunderte mich kurz, aber dann umarmten wir uns schon, verschlangen uns und vergruben uns ineinander in völliger Hingabe, die kein Hinterfragen zuließ. Erst als alles vorbei war, kehrte der schlimme Gedanke wieder, dass es so nicht weitergehen konnte. Dieser Gedanke kam mit einem Gefühl der absoluten, aber unmöglichen und unglücklichen Liebe.

Ich war froh, als Jochen wieder ging. Es war so schwer, die Anwesenheit eines Mannes zu ertragen, den ich so heftig liebte, für den ich alles zu tun bereit war, für den ich aber nur wenig tun durfte und dessen Küsse bitter und verboten waren. Ich gestand mir diese Liebe daher nicht richtig ein. Ich war auf der Suche nach dem Glück gewesen und deshalb offen. Meine Schutzschilde, die mich so lange vor Herzschmerzen bewahrt hatten, waren heruntergefahren gewesen. Und nun schwankte ich zwischen Verdrängen, Bekämpfen und Hingabe. In welcher Phase ich auch immer gerade war, sie waren alle gleich schmerzhaft. Ich lebte von den Momenten, in denen es nur Jochen und mich und nichts anderes gab.

Die Tür fiel hinter ihm ins Schloss. Ich stand halbnackt und mit einer Krücke im Flur und wieder bahnten sich Tränen ihren Weg aus meinen Augen. War ich kindisch? Hatte ich wirklich über achtzig Jahre alt werden müssen, um diese Art von Schmerz zu erleben? Und war dieser Schmerz eine Gnade oder ein Verhängnis? Lieben konnte man vielleicht in jedem Alter anders, aber mit Liebeskummer war man immer wieder siebzehn. Du musst dich zusammenreißen, Elfriede, dachte ich. Du darfst diesen Mann nicht verlieren. Zur Not wirst du eine gute Freundin der Familie sein. Dafür musst du stark sein. Du darfst dich nicht vor ihm verstecken. Du musst es aushalten, mit ihm zusammen zu sein, ohne ihn zu besitzen.

Als Jochen wieder anrief, merkte ich an seiner Stimme, dass er verstört war.

»Ich muss dich sehen Elfriede«, sagte er. »Sofort.«

»Ich habe Zeit. Wann bist du da?«

Er sagte nichts. Eine Weile hörte ich nur seinen Atem.

»Bist du noch dran?«, fragte ich.

»Wenn es dir recht ist, komme ich in zwei Stunden.«

Ich wartete aufgeregt. Dabei gestand ich mir ein, dass ich mich über Jochens Problem freute, was auch immer es war. Meine Rolle in seinem Leben gewann an Gewicht, und ich freute mich darauf, ihn trösten zu dürfen.

Als er endlich in der Tür stand, war er kreidebleich. Ich führte ihn zum Sofa. Kaffee und Kuchen hatte ich längst vorbereitet.

»Was ist denn passiert?«, fragte ich.

»Elfriede, ich bin so froh, dass ich dich habe«, sagte Jochen.

Dieser Satz schmeichelte mir mehr, als ich je zugegeben hätte.

»Meine Frau ist wegen ihrer Krankheit oft depressiv. Die Medikamente haben hässliche Nebenwirkungen. Sie tut sich schwer, die einfachsten Alltagstätigkeiten zu bewältigen. Dann wird sie oft zornig und lässt den Zorn an mir aus. Ich versuche das auszuhalten, so gut ich kann. Aber heute war es besonders schlimm. Ich war nur in der Dusche. Ich duschte mich lang, war ganz in Gedanken. In Gedanken bei dir. Ja. Und sie ist inzwischen in die Küche gegangen. Sie wollte wohl etwas trinken. Orangensaft. Aber es gelang ihr nicht, den Saft ins Glas zu bekommen. Sie verschüttete den Saft, das Glas fiel ihr aus der Hand und zersprang. Das konnte sie irgendwie nicht verkraften. Als ich aus dem Bad in die Küche kam, lag sie in den Scherben und hatte sich an den Händen und am Bauch geschnitten. Sie blutete. Aber das wäre noch nicht so schlimm gewesen. Ein Blumentopf war umgefallen, die Erde vermischte sich mit dem Orangensaft und ihrem Blut. Als sie mich sah, schrie sie, dass sie keine Frau mehr sei. Ich versuchte, sie zu beruhigen. Sie wollte, dass ich einen unserer Söhne anrufe, den jüngsten. Als er kam, war wieder alles in Ordnung, und sie war wieder freundlich. Aber ich hatte das Gefühl, dass diese Freundlichkeit nur gespielt war. Sie ist traurig, weil wir nicht mehr miteinander schlafen. Dabei liegt es nicht an mir. Sie wollte irgendwann nicht mehr. Manchmal hat sie dabei keine Luft mehr bekommen und so gezittert, dass ich fürchtete, sie in Lebensgefahr zu bringen. Inzwischen tauschen wir auch kaum noch Zärtlichkeiten aus.«

Jochens Hand mit der Kaffeetasse zitterte.

»Du musst weiter so zärtlich wie möglich zu ihr sein«, sagte ich. »Sie ist ja noch immer deine Frau.«

»Es ist so schwer.«

Er schluchzte.

»Ich fühle mich so schwach, und es ist meine Schuld, dass sie krank ist.«

Er sah mich an. Er wartete auf meinen Widerspruch. Ich schüttelte still den Kopf.

»Dabei geht es mir so ab, mit ihr zu schlafen«, sagte er.

»Ich weiß, das ist doch klar.«

Wir sahen einander lange in die Augen. Ich wollte ihm schon anbieten, jetzt gleich für seine Frau einzuspringen, tat es aber natürlich nicht. Stattdessen hoffte ich, dass er verstand, wie sehr ich für ihn da war, und dass er alles mit mir machen konnte, was er wollte. Alle Fehler, die er in seinem Leben gemacht hatte, sollte er an mir wiederholen, damit ich sie ihm ein für alle Mal verzeihen konnte.

»Ich bin da«, flüsterte ich.

Ich bin da, und das nur für dich, nur für dich, wiederholte ich in meinem Geist. Ich wollte nicht mit seiner Frau konkurrieren. Ich wollte ihm nur helfen.

»Du bist lieb«, sagte er.

Wir schwiegen wieder und es passierten so viele Dinge in meinem Kopf. Verschiedene Möglichkeiten, wie unser Leben weitergehen könnte, liefen wie Kurzfilme vor meinem inneren Auge ab. Schlechtes Gewissen gegenüber seiner Frau machte sich breit, wurde überlagert von einem Gefühl der Zuneigung, kehrte wieder.

»Ich kann es dir mit dem Mund machen, wenn du willst«, sagte ich.

Er schwieg. Dann stand er auf. Ich hob meine Hände, um seine Hose zu öffnen.

»Ich muss jetzt gehen, Elfriede«, sagte er. »Danke für das Gespräch.«

»Gut«, sagte ich.

Er ging aber nicht, sondern stand wie angewurzelt da.

»Du kannst auch bleiben und wir unterhalten uns weiter«, sagte ich.

»Nächstes Mal vielleicht.«

»Ich wollte dir nicht zu nahe treten«, sagte ich, um mein Angebot irgendwie rückgängig zu machen.

»Bist du nicht. Auf Wiedersehen.«

Er drehte sich um und ging in den Flur zu seinen Schuhen.

Hätte ich einen gesunden Oberschenkelhals gehabt, wäre ich sofort aufgesprungen, um ihm nachzueilen. So kämpfte ich mich nur mühsam auf die Beine und erreichte den Flur erst, als er fertig angekleidet war. Ich hätte so gern noch zumindest einen Abschiedskuss bekommen. Aber er war ganz kühl, und ich wollte nicht noch aufdringlicher sein.

So trennten wir uns. Er hatte mein Hilfsangebot nicht angenommen. Er ging, und ich fürchtete, ihn zum letzten Mal gesehen zu haben.

7

Zum Glück lenkten mich in dieser Zeit die ersten Briefe ab, die ich als Antworten auf meine Inserate erhielt. Ich hatte sie in gehobenen Printmedien geschaltet, weshalb auch die Reaktionen im Schnitt niveauvoller waren als bei meiner Suche nach Affären ohne Bindung vor zwei Jahren. Manche waren aber auch etwas steif und förmlich. Pierre zum Beispiel schrieb mir verklausuliert und unter Verwendung eines anspruchsvollen Vokabulars wie »fidel«, »Anima«, »Libido« und »Voyage«, dass er ziemlich vermögend war. Obwohl ich vierzig Jahre lang eine Buchhandlung geführt habe, bin ich leider keine besonders gebildete Frau. Ich musste einige seiner Worte sogar nachschlagen. In Summe und mit Geralds Hilfe gelangte ich zu der Einschätzung, dass Pierre nicht ganz dicht in der Birne sein konnte. Ich schrieb ihm trotzdem zurück und wir trafen uns einige Male im Kaffeehaus bei mir in Laxenburg. Schlafen wollte ich mit diesem Mann nicht, obwohl er eigentlich ganz gut aussah. Er war noch nicht einmal fünfzig und wirkte sportlich, aber sein Benehmen war kaum auszuhalten. Er sprach mit lauter Stimme, wahrscheinlich damit ihm das ganze Kaffeehaus bei seinen unverständlichen Ausführungen über die Geschichte der alten Völker und über Astrophysik zuhören konnte. Für mich schien er sich kaum zu interessieren, dafür machte er neuerlich Anspielungen darauf, dass er sehr reich war.

»Ich nehme noch einen Labetrunk, ich kann es mir ja leisten, finanziell meine ich«, scherzte er zum Beispiel.

Denselben Satz wiederholte er, als die Kellnerin da war. Trinkgeld gab er dafür keines, wobei er mit Dagobert Duck argumentierte. Mich lud er auch nicht ein. Dabei strich er gerne seine guten Manieren heraus.

»Weißt du, Elfriede, ich bin eigentlich ein Gentleman der alten Schule. Ich meine die französische Ecole, ein Chevalier bin ich also, wie wir im schönen Paris zu prononcieren pflegen.«

Ein Verrückter.

Leider fielen die ersten Antworten auf meine Inserate allesamt ähnlich unbefriedigend aus, wenn auch auf verschiedene Weise. Gerald bestand darauf, sie zu sehen. Er wollte mir Ratschläge geben, mit wem ich es versuchen sollte und mit wem nicht. Er las die Zuschriften schweigend, lächelte selten und sah eher griesgrämig drein. Ich streichelte ihm währenddessen den Kopf. Gerald hatte schönes, dichtes Haar. Es war für meinen Geschmack allerdings etwas zu kurz. Aber es fühlte sich lustig an, gegen den Strich seiner gut riechenden Igelfrisur zu fahren. Schließlich legte er den fünften oder sechsten Brief zur Seite.

»Das macht mir jetzt wirklich keinen Spaß mehr. Lass uns lieber einen Ausflug machen.«

Die Idee gefiel mir. Meine wenigen Ausflüge, wenn davon überhaupt die Rede sein konnte, machte ich mit meiner Physiotherapeutin. Das Ziel war fast immer nur das mir schon allzu vertraute Laxenburger Schloss.

»Was würdest du denn gerne machen?«, fragte er.

Ich lächelte.

»Am liebsten würde ich ins Schwimmbad gehen«, sagte ich.

Ich war sehr lang nicht mehr schwimmen gewesen. Mein letztes Erlebnis mit Wasser, das tiefer war als das in meiner Badewanne, rührte vom Besuch eines Nacktbadestrandes im vergangenen Jahr her. Damals war ich aber nicht ins Wasser gegangen.

Gerald grinste.

»Das trifft sich gut«, sagte er. »Ich habe zufällig eine Badehose im Auto.«

Das war typisch für Gerald. Er kannte meine Wünsche mindestens eine Woche im Voraus.

Geduldig ging er neben mir her, als ich mit meinen Krücken zu seinem Wagen humpelte. Wir fuhren in die Thermalstadt Baden. Dort war das Wasser warm genug, um sich darin auch unter freiem Himmel aufzuhalten. Anfangs bewegte ich mich etwas staksig in der Halle, aus Sorge, ich könnte ausrutschen. Denn wer wusste schon, wie sich dann der Titannagel in meinem Oberschenkelhals verhalten würde. Doch Bewegung tat mir gut, das sagten alle Therapeuten, und als ich es ins Wasser geschafft hatte, fühlte ich mich frei, unbesorgt und schwerelos. Eine Meerjungfrau, dachte ich, kennt wohl nur dieses eine Lebensgefühl. Ich fühlte mich auch schön. Meine Rundungen füllten den rosa und gelb gestreiften Badeanzug gut aus. Nicht nur Geralds Augen hingen in diesem Schwimmbad an mir, das spürte ich. Es war mir erstaunlich gleichgültig. Ich war nicht auf der Jagd nach Männern. Ich war nur für mich da, schwebte nur zu meinem eigenen Vergnügen vor mich hin, und ich war dankbar, dass mir Gerald so ein Erlebnis verschafft hatte.

Doch diese Behaglichkeit währte nicht lang. Gerald pirschte sich wie ein Haifisch an mich heran, und wie ein kleines Kind plantschte er neben mir mit den Händen, sodass mir Wasser ins Gesicht spritzte. Ich erschrak und verlor mein Schwebegleichgewicht. Das reichte ihm noch nicht. Er musste gleich darauf auch noch lachend meinen Kopf unter Wasser drücken. Nur ganz kurz und leicht natürlich.

»Na warte, du Kindskopf!«

Er grinste und tauchte unter. Ich sah mich um, entdeckte ihn aber nicht. Da war er schon unter mir und zog an meinem gesunden Fuß. Ich ließ es mir gefallen. Ich war sicher, dass dieser aufmerksame Mann selbst bei solchen übermütigen Spielereien wusste, wo meine Grenzen waren.

Da tauchte er hinter mir auf und umfasste mich von hinten. Ganz liebevoll war er jetzt. Die Kindlichkeit war erwachsenem Ernst gewichen. Das Becken war fast leer. Am Beckenrand stand ein Mann in einem weißen Bademantel und sah zu uns herüber. Als sich unsere Blicke trafen, wandte er sich ab. Gerald und ich waren zwar nicht ganz allein, aber wir durften uns doch ziemlich ungestört fühlen. Ich schloss die Augen.

Gerald strich unter Wasser über meine Seiten und über den Bauch. Sehr bald wanderte seine Hand zwischen meine Beine. So umschlungen bewegten wir uns langsam auf den Beckenrand zu, wobei wir mein verletztes Bein neben uns herschwimmen ließen wie ein Beiboot. Am Beckenrand lehnten wir uns an. Hier war es sportlich weniger anspruchsvoll, sich über Wasser zu halten. Ich legte die Hand auf einen von Geralds gut geformten Brustmuskeln. Seine Brust war hübsch behaart. Ich war froh, dass er sie sich nicht rasierte. Dann hätte sie gekratzt wie meine Muschi, als ich sie mit achtzig zum ersten und zum letzten Mal bei einer langwierigen Prozedur vor dem Spiegel von ihrem seidenweichen weißen Haar befreit hatte.

Gerald schob mit den Fingern meinen Badeanzug zur Seite und suchte seinen Weg zwischen meine Schamlippen. Ich spreizte mein gesundes Bein weg, um ihm behilflich zu sein, und atmete tief. Aus den Augenwinkeln bemerkte ich den Mann im weißen Bademantel, der starr in unsere Richtung blickte. Unwillkürlich stöhnte ich auf. Gerald suchte meine Klitoris und drückte sie gegen mein Schambein. Es war, als würde die Temperatur des Badewassers in kurzen Abständen zwischen eiskalt und kochend heiß wechseln.

Ich biss Gerald in die Unterlippe und kontrollierte den Zustand seines Glieds. Es war steif, wie ich es erhofft und erwartet hatte. Ich fragte mich, ob Frauen von einem Mann schwanger werden konnten, der im gleichen Becken mit einer anderen Sex gehabt hatte. Geralds Spermien wären zu so einem Kunststück sicher in der Lage, dachte ich. Er war so ein gesundes, starkes, potentes Exemplar von einem Mann. Für mich spielte es keine Rolle mehr. Meine Wechseljahre lagen schon ein paar Jahrzehnte zurück. Dennoch hielt ich es für angemessen, es mit der Unterwassermassage von Geralds Schwanz nicht zu übertreiben.

Er war dagegen ziemlich hemmungslos. Schon war sein Finger in mir. Schon war ich feucht. Ich dachte gleichzeitig an das Glatteis im Winter und den feuchten tropischen Regenwald. Ich sah, wie sich weiße Lianenblüten öffneten und schlossen und wie exotische Knospen explodierten, um als kleine tropische Sonnen im tiefen Schatten der unendlich hohen Bäume zu leuchten.

Es war mit Gerald so schön und ich hatte ihn so gern, dass er mich eigentlich nur anzusehen brauchte, um mir einen Orgasmus zu bescheren. Als es dann so weit war, lachte Gerald und vergrub sein Gesicht an meinem Hals. Auch das war schön. Es bereitete ihm Freude, mir Freude zu bereiten. Das war nicht selbstverständlich. Die meisten anderen Männer, die ich kannte, befriedigten sich an mir selbst.

»Fahren wir wieder nach Hause?«, hauchte ich.

»Ja«, flüsterte Gerald.

Im Auto hatte ich keine Geduld mehr. Ich besah den Parkplatz und befand ihn für menschenleer. Ich nahm Geralds bestes Stück vom Beifahrersitz aus in den Mund. Das erforderte einige schmerzhafte Verrenkungen und einiges Herumschieben der Sitze, was wir mit Lachen begleiteten. Ich freute mich über den Geschmack seines zu allem fähigen Spermas. Zu Hause schliefen wir richtig miteinander. Es war liebevoll und wunderbar.

Einen Brief hatte ich Gerald nicht gegeben. Er war auch keine Reaktion auf meine Inserate. Jochen hatte ihn mir geschrieben und mich damit neuerlich in einen Zwiespalt versetzt.

> Liebe Elfriede,
> wie darf, wie soll ich beginnen? Ich hätte so viel Wichtiges zu sagen. Aber ich beginne mit einer Sache, die mir am Herzen liegt, auch wenn sie anderen banal erscheinen mag. Der Sommer ist da und in meinem Garten blühen die schönsten roten Lilien seit Jahren. Auch die Orchideen sind dieses Jahr von einer besonders seltenen, verschwenderischen Schönheit. Orchideen locken ja mit ihrer sanften Form und mit ihrem betörenden Duft die Männchen vieler Käferarten an, weil sie diese Blumen für ihre Weibchen halten.
> Vielleicht gibt es einen Zusammenhang zwischen der Schönheit der Blumen in meinem Garten und dir. Ich meine unsere Bekanntschaft, die mir so viel Kraft gibt und die auch dich einigermaßen beglückt, wie ich hoffe, oder die dich zumindest nicht allzu sehr belastet.
> Es tut mir leid, dass ich bei meinem letzten Besuch so kalt und unnahbar war. Ich war aufgewühlt und betrübt. Aufgewühlt wegen der Krankheit meiner Frau. Betrübt, weil diese Krankheit unsere Bekanntschaft, die mir so viel Kraft gibt, belastet.
> Es scheint mir eine Sicherheit in diesem Leben zu geben. Es ist die Sicherheit, dass wir zusammengehören. In einer ande-

ren Wirklichkeit, in einem anderen Leben wären wir Mann und Frau. Oder wir hätten zumindest eine anständige Affäre. Nun sind wir aber in diesem Leben. Vielleicht sieht es so aus, als wäre ich feige und könnte meine Frau deswegen nicht für dich verlassen. Aber es ist keine Feigheit. Es sind die dreißig Jahre, die ich mit ihr in großem Glück verbracht habe und die mich nun an sie binden.

Eines kann und darf ich nicht aussprechen. Deswegen deute ich es nur an. Vielleicht ändert sich mein Leben in wenigen Monaten schon entscheidend. Ich erhoffe diese Veränderung ganz und gar nicht. Ich bete für das Gegenteil. Ich verlange auch nicht, dass du auf diese Veränderung wartest. Ich hoffe im Gegenteil, dass du deinen Weg gehst, ohne Rücksicht auf mich. Aber durch die eine Sicherheit, die es in meinem Leben gibt, durch das Wissen, dass wir beide füreinander bestimmt sind, bin ich gezwungen, dich um dieses eine zu bitten: Lass uns zumindest gute Freunde sein. Lass uns so viel wie möglich teilen. Ich muss es schreiben, es geht nicht anders: Ich liebe dich.

Ich rufe dich in den nächsten Tagen an. Ich werde dich wieder besuchen wollen. Ich werde dich zu mir nach Hause in den Garten einladen. Du wirst die Einladung nicht annehmen müssen. Selbstverständlich nicht. Aber wenn du willst, kannst du meine Frau kennenlernen. Meine Blumen sehen. Sie blühen auch für dich. Sie blühen deinetwegen.

Mit den liebsten Grüßen
dein Jochen

Waren alle Männer bis auf Gerald wahnsinnig geworden? Oder war vor allem ich wahnsinnig? Jochen liebte mich? Und er wollte mich gleichzeitig mit seiner Gattin bekanntmachen? Er wusste offenbar nicht, dass er der Einzige war, den ich eigentlich nicht teilen wollte.

Ich entschloss mich, Jochens Einladung zu ihm in den Garten anzunehmen. Vielleicht, weil ich mich prinzipiell schwertat, Bitten abzuschlagen. Vielleicht auch, weil eine Frau die Bitte des Mannes ihres Herzens nie richtig abschlagen kann, mag diese auch noch so dumm sein und sie noch so sehr ins Verderben stürzen.

8

An einem sonnigen Sommernachmittag musste ich zur Aufzeichnung einer Fernsehsendung nach Wien. Ich beschloss, einen Mann zu besuchen, der mir einen meiner ersten Fan-Briefe geschrieben hatte. Wir hatten sogar telefoniert, weil es ihm gelungen war, im Verlag unter irgendeinem Vorwand meine Nummer zu erfragen. Er hatte darauf bestanden, mich kennenzulernen. Bisher hatte es mich abgeschreckt, dass er schon sehr betagt war und in einem Seniorenheim lebte. Nun ja, betagt. Er war neunundsiebzig Jahre alt und damit jünger als ich, aber doch für einen Mann schon sehr alt. Wir hatten zweimal miteinander telefoniert und er hatte mir von seinem Leben als Bauarbeiter erzählt. Zum Beispiel davon, dass er als Maurerlehrling zur Übung einmal eine Säule betoniert hatte. Diese Säule stand bis heute, während die Werke seiner damaligen Mitlehrlinge längst zu Staub zerfallen waren. An jenem Sommernachmittag erinnerte ich mich an ihn, rief ihn an und richtete alles so ein, dass nach der Aufzeichnung ein Besuch in seinem Wohnheim möglich war.

Mit meinem Bein war so weit alles in Ordnung. Obwohl ich noch mit Krücken gehen musste, brauchte ich längst keine professionellen Krankentransporte und auch keinen fürsorglichen Begleiter wie Gerald mehr. Ich konnte einfach ein Taxi nehmen. Als ich vor dem Seniorenheim ausstieg, bewunderte ich die schöne Lage im Grünen und die gefühlvolle Architektur des großen Baus aus den Sechziger- oder Siebzigerjahren. Der Portier begleitete mich persönlich zum Zimmer des Mannes, der mein erster richtiger Fan gewesen war. Er hieß Johannes und bewohnte ein sehr ordentlich aufgeräumtes helles Einzelzimmer. Der Portier ließ uns allein.

»Wir werden ungestört sein«, sagte Johannes. »Ich habe den Schwestern deinen Besuch angekündigt. Meine Hygiene hatte ich gerade.«

Ich war etwas irritiert, doch Sex war in der nächsten halben Stunde kein Thema. Johannes machte nicht einmal eine Anspielung. Das war schon insofern schwer zu vermeiden, weil wir über mein Buch sprachen. Er lobte es in den höchsten Tönen. Ich war geschmeichelt und bestand darauf, dass er mir von seinem Arbeitsleben erzählte. Wir machten Witze über das Alter. Ich hatte meine Krücken dabei, er saß im Rollstuhl. Nach einer halben Stunde änderte sich unser Thema.

»Kann ich dich so nehmen, wie du es in deinem Buch beschreibst?«, fragte er.

Ich hielt das für Ironie und antwortete schnippisch.

»Du hast mein Buch wohl nicht genau genug gelesen. Ich schlafe nur mit Männern unter sechzig, nicht mit impotenten Greisen mit fleckiger Haut, wie du einer bist.«

Dabei fiel mir ein, dass Jochen eine Ausnahme war. Jochen war dreiundsechzig.

»Aber ich bin gut im Bett. Ich kenne die Technik. Mein Penis ist bei jeder Gelegenheit hart. Impotent bin ich also nicht, falls du das meinst.«

Schon hatte er seinen Schwanz aus seiner Pyjamahose geholt und rieb an ihm herum. Er war von unerwarteter Größe und stand mit seiner Fülle im krassen Kontrast zu seinem sonst ziemlich vertrockneten Körper. Während er seinen Schwanz bearbeitete, wurde er ziemlich vulgär. Das kannte ich ja schon von vielen anderen Männern. Er beschimpfte mich und fantasierte herum, wie er mich vergewaltigen würde. Ich werde erst wieder einen Fan besuchen, wenn ich eine romantische Liebesgeschichte geschrieben habe, dachte ich. Eine Geschichte, die ganz ohne pornografische Szenen auskommt. Cecelia Ahern passiert so etwas sicher nicht.

Ich sagte, dass ich mir derlei Grobheiten nicht anzuhören brauche, und stand auf. Plötzlich empfand ich unglaublichen Ekel vor diesem Altenheim. Mich in so ein Etablissement zu sperren, wäre die größte Strafe für mich, egal wie schön es gelegen sein mochte und wie beeindruckend die Architektur war. Dabei hatte ich von einer Altersgenossin schon gehört, dass es in Seniorenheimen durchaus wild zuging. Allerdings unter Gleichaltrigen, und mit ihnen hatte ich nichts im Sinn. Ich fühlte mich zu jung für sie, zumal jetzt, da ich meinen Oberschenkelhalsbruch glimpflich überstanden hatte. Ich wollte nicht von einem Greis an mein tatsächliches Alter erinnert werden. Ich dachte nicht daran, mir von ihm einen Spiegel vorhalten zu lassen. Zu sehr fürchtete ich, dass meine Lust mit seiner verwandt sein könnte.

Ich deutete auf seinen riesigen Schwanz.

»Pack dein Ding wieder ein oder ich gehe auf der Stelle.«

»Ich fick dich in den Arsch, du Fotze.«

Ich nahm meine Krücken, humpelte aus dem Zimmer und schloss die Tür hinter mir. Auf dem Gang war es schon dunkel. Anscheinend bekam er erst jetzt mit, dass es mir gereicht hatte. Ich hörte seine Stimme durch die Tür.

»Komm zurück, bitte, ich flehe dich an, ich werde auch brav sein. Ich habe seit zwanzig Jahren keine richtige Frau gesehen und vielleicht werde ich nie wieder eine sehen. Ich kenne Frauen nur noch aus zwei Pornoheften. Ich habe sie unter der Matratze. Ich flehe dich an.«

Ich beachtete ihn nicht weiter. Im Erdgeschoß blieb ich noch lang im Aufzug stehen. Mir fiel ein, dass es auch mir so gegangen war, dass auch ich gefürchtet hatte, nie wieder einen Frühling zu erleben. Würde dieser Mann auch so eine Chance bekommen wie ich? Ich war mir meines Privilegs bewusst. Manchmal konnte ich mir selbst nicht erklären, wieso ausgerechnet ich noch so viel Lust erleben durfte. Dann hörte ich meistens auf, darüber nachzudenken, damit es noch möglichst lange so blieb. Ich fuhr zurück nach oben und betrat wieder Johannes' Zimmer.

»Danke, danke, danke«, sagte er.

Er hörte sich an wie eine steckengebliebene Schallplatte.

»Ich werde nicht mit dir schlafen«, sagte ich.

»Das macht nichts. Aber bitte bleib da. Darf ich mir einen runterholen, während du da bist?«

»Klar«, sagte ich.

»Danke.«

Ich fragte mich, wie die TV-Moderatorin, deren Studio ich gerade verlassen hatte, das gefunden hätte. Wir hatten artig über die Liebe im Alter und gesellschaftliche Tabus gesprochen.

Ich saß Johannes gegenüber und sah ihm zuerst gelangweilt und dann zunehmend interessiert dabei zu, wie er an seinem Schwanz rieb, zog und ihn würgte. Schließlich entschloss ich mich, ihn ein wenig zu unterstützen. Ich beugte mich vor und machte Anstalten, mit meinen Händen zu übernehmen. Das lehnte er ab.

»Ich mach das lieber selbst«, sagte er. »Aber ...«

»Aber was?«, fragte ich.

»Darf ich deine Vagina sehen?«

Ich überlegte kurz, dann lockerte ich meinen Rock und schob ihn hinauf und meine Unterhose hinunter. Er jaulte auf und rieb schneller. Sein Blick war starr und wild. Seine riesigen

Greisenohren schienen zu flattern. Weil ich nicht wusste, was ich mit meinen Händen tun sollte, fasste ich mich auch ein wenig an.

»Bitte, auch deine Brüste, bitte.«

»Warum nicht?«

Ich zog mich einfach ganz vor ihm aus. Es freute mich, dass ich ihm so gefiel. Er keuchte und klapperte mit seinen dritten Zähnen. Hin und wieder sagte er mir, wie geil er mich fand.

Endlich kam er, wobei er sein halbes Hemd nass machte. Ich hätte nie gedacht, dass ein so alter Kerl solche Mengen an weißer Flüssigkeit ausstoßen konnte.

»Du bist die Beste«, sagte er.

»Ich weiß«, sagte ich.

Lächelnd zog ich mich wieder an. Erstaunlicherweise war ich recht feucht geworden.

»Wirst du wiederkommen?«, fragte er.

»Eher nicht.«

»Kein Problem. Danke trotzdem.«

Im Taxi nach Hause erinnerte ich mich an mein Ziel. Ich wollte den Mann fürs Leben finden. Johannes würde es jedenfalls nicht sein.

Wenig später lernte ich einen Mann namens Julian kennen, der Johannes ziemlich ähnlich sah. Bloß war das am Telefon nicht zu erkennen gewesen. Julians Stimme klang am Telefon jugendlich frisch und neckisch. Ohne Umschweife lud ich ihn deshalb zu mir nach Hause ein. Ich war aufgeregt. Was immer mit Jochen war, meine Gefühle zu ihm waren unmöglich und verboten und mussten irgendwann versiegen. Etwas Ablenkung würde mir dabei helfen. Mein Selbstbewusstsein war neu erwacht. Ich hatte schon einmal ein Ziel erreicht und die Lust neu entdeckt. Jetzt konnte jedes Mal, wenn ich meine Wohnungstür öffnete, der eine, der Mann fürs Leben davorstehen.

Als Julian vor mir stand, traute ich allerdings meinen Augen nicht. Er war ein grinsendes Männchen, mindestens einen Kopf kleiner als ich, und in der Hand hielt er einen nicht identifizierbaren Gegenstand. Seine Begrüßung war auch eher gewöhnungsbedürftig.

»Halli-hallo! Der Vogelfänger bin ich ja, stets lustig, heissa, hopsasa!«

Ich wusste nicht, ob ich ihn vor Verwunderung mit offenem Mund anstarren oder lieber wie ein pubertäres Mädchen kichern sollte. Ich tat Ersteres.

»Hier habe ich etwas für dich mitgebracht«, sagte er.

Es war ein Sacherwürstchen-Schneidegerät. Ich konnte es nicht fassen. Was musste ein Mann erlebt haben, um bei einem ersten Treffen ein Sacherwürstchen-Schneidegerät als Geschenk mitzubringen?

»Für Frankfurter oder Bratwürste kannst du es auch verwenden«, sagte er, als ich ihn ins Wohnzimmer gelotst hatte. »Aber keine Wurst ist länger als das Sacherwürstchen. Hier legst du die Wurst hinein und hier wird sie mit diesen dünnen Drähten geschnitten.«

Ich bedankte mich freundlich und musste unwillkürlich an den Dildo denken, den ich in dem Frauensexshop geschenkt bekommen hatte.

»Darf ich Platz nehmen?«

Bevor ich nicken konnte, saß er schon und schenkte sich Kaffee ein.

»Darf ich gleich zum Thema kommen? Danke. Ich bin Julian und ich habe viel Geld. Ich war früher Direktor einer Sportartikelfirma. Ich bin dreiundachtzig und wegen meiner

Prostatakomplikationen leider impotent. Aber du bist ja auch nicht mehr die Jüngste. Und ich bin ein großer Frauenliebhaber. Noch vor zehn Jahren hatte ich jede Woche eine andere. Ich habe alle Arten und Altersgruppen kennengelernt, auch im Ausland.«

Plötzlich verstummte er.

»Du kennst dich also gut aus? Dann hattest du bestimmt ein erfülltes Leben.«

Sein Gesicht sah plötzlich traurig aus. Er deutete zum Fenster.

»Dort unter den Kirschbäumen, unter diesen schönen Kirschbäumen, steht mein Sportwagen. Dreihundertzwanzig PS. Möchtest du eine Runde fahren?«

Der Arme, dachte ich. Doch als ich im nächsten Moment das schnittige Cabriolet draußen auf der Straße sah, wurde ich ganz kribbelig. Ich hatte zu keinem Zeitpunkt die Absicht, mich mit Julian näher einzulassen. Aber für einen kurzen Augenblick imponierte mir sein Auto wirklich sehr.

Wir gingen hinunter und setzten uns in den Wagen. Julian reagierte auf mein Humpeln etwas zu stark. Vermutlich fühlte er sich jung und stark, wenn er meine Gebrechlichkeit hervorstrich. Das schmeichelte seinem verletzten Ego wohl ebenso sehr wie sein Wagen. Mein Bein wird wieder, dachte ich, aber deine Prostata nicht.

Wir stiegen ein, das heißt, wir legten uns eher hinein, so flach war das Auto. Als Julian Gas gab, hörte es sich an wie ein kontrollierter Vulkanausbruch. Julian war derjenige, der das Gaspedal für diesen Vulkan unter dem Fuß hatte. Ich wurde zum ersten Mal in meinem Leben beim Beschleunigen mit einem Auto in den Sitz gedrückt. Bisher kannte ich dieses Phänomen nur aus Actionfilmen im Fernsehen.

Während der Fahrt sprachen wir wenig, wenn dann tauschten wir Komplimente aus. Es gefiel mir, wie quirlig dieser alte Mann war. Er war seit langem der Erste, der älter war als ich und mir zumindest ein bisschen gefiel. Trotzdem würde aus uns nichts werden. Die Impotenz allein wäre es nicht gewesen. Man konnte sich behelfen. Aber er war viel zu klein, und ich wollte nun einmal einen Jüngeren.

Dann war die Fahrt vorüber und Julian grinste mich mit seinen hellblauen Augen unter den weißen Brauen an. Ich lächelte. Er sah sehr lustig aus, so klein vor so einem großen Lenkrad. Doch im Nachhinein war die Fahrt dann doch wieder nichts gewesen, was die körperlichen Nachteile Julians hätte ausgleichen können. Ein schnittiges, schnelles Auto hatte er eben. Ein ungenügender Penisersatz. Ich bedankte mich dennoch höflich und lud Julian auf noch einen Kaffee zu mir nach oben ein. Ich erkundigte mich freundlich nach Details seines Spielzeugs, ohne mit den Zahlen und Begriffen, die er mir nannte, etwas anfangen zu können. Aber Julian freute sich. Er erzählte mir so lang über seinen Wagen, bis es ihm selbst zu langweilig wurde. Dann kam er wieder auf unser eigentliches Thema zu sprechen.

»Ich bin angenehm überrascht von dir. Was denkst du?«

»Du bist ein netter Kerl«, sagte ich. »Ich möchte aber nicht den Rest meiner Tage an deiner Seite verbringen. Wenn du willst, können wir Freunde werden.«

Mein letzter Satz ließ Julian, der schon zerknirscht gewirkt hatte, wieder strahlen.

»Fein, fein, fein!«, wiederholte er einige Male. »Dann sind wir also Freunde. Darin bin ich vermutlich sowieso besser. Dabei hatte ich früher wirklich viele Frauen.«

»Wenn du möchtest, kannst du mir gerne von ihnen erzählen.«

»Ja?«

Es war, als hätte ich Schleusen geöffnet. Ein ganzer Schwall von Erlebnissen drängte aus ihm heraus.

»Einmal hatte ich eine Freundin, die war blond und siebzehn. Ich war schon siebzig. Sie war schon ziemlich erfahren, ein wenig enttäuscht, emotional ziemlich planlos und wollte, dass ich ihr etwas Neues beibringe. Also ging ich mit ihr in ein Stundenhotel und bestellte eine Prostituierte, eine große schwarze Frau, als Kontrast. Die Prostituierte sollte sie liebkosen. Solche Zärtlichkeiten ermüdeten mich in meinem auch damals schon fortgeschrittenen Alter ohnedies sehr. Dann kam ein Dildo ins Spiel, und hinterher habe ich die beiden abwechselnd gefickt. Es war lustig zu sehen, wie meine kleine Freundin immer eifersüchtig wurde, wenn ich mich der anderen zuwandte. Ich besorgte es ihr aber wirklich gut. Danach lagen die beiden aneinandergeschmiegt im Bett und küssten sich. Jetzt kam die Überraschung. Ich konnte sie überreden, mich auf sie urinieren zu lassen und ...«

»Das reicht. Ich will keine Schweinereien hören.«

»Möchtest du nicht wissen, was ich früher alles mit meinen Freunden in Thailand getan habe? Das war wunderbar. Dort hatten wir sogar einen Transsexuellen. Und die Nutten waren alle so jung ...«

»Julian«, sagte ich, »in welchem Alter fangt ihr Männer an zu glauben, dass Frauen gerne solche Geschichten hören?«

Ich war sicher, dass dieser alte Bock noch jede Menge ekelhafter Details auf Lager hatte und dass viel zu viele davon sogar stimmten.

»Jetzt bin ich ja anders«, sagte er.

»Jetzt suchst du die Liebe.«

Er zuckte mit den Schultern.

Wer die Liebe finden wollte, musste vielleicht lange genug ein guter Mensch gewesen sein. Es war ein Gedanke, den ich schon ein paar Mal gehabt, aber noch nie richtig zu Ende gedacht hatte.

Für Julian bedeutete das, wenn es stimmte, sicher nichts Gutes. Was es für mich bedeutete, wusste ich nicht genau.

Julian besuchte mich noch ein paar Mal, aber wir kamen uns dabei in keiner Weise näher.

9

Endlich meldete sich Jochen wieder. Am nächsten Wochenende sollte ich ihn und seine Familie besuchen. Er würde mich im Auto abholen. Ich sagte zu, wie ich es mir vorgenommen hatte. Ich verstand aber nicht genau, worum es ihm ging. Ich vermutete, dass es mit seinem Garten zu tun hatte, auf den er so stolz war. Wahrscheinlich wollte er mir vor allem ihn zeigen.

Als er kam, tranken wir bei mir noch eine Tasse Kaffee. Jochen war gut gelaunt.

»Ich bin gespannt, was du zu meinem Garten sagst.«

»Was ist mit deiner Frau?«

»Sie freut sich auch. Ich habe ihr viel von dir erzählt.«

Ich dachte eine Weile nach. Wovon redete dieser Mann?

»Mit allen Details?«, fragte ich schließlich.

»Natürlich nicht.«

»Was glaubt sie, woher wir uns kennen?«

»Ich habe dir im Gartenmarkt geholfen, Setzlinge für deinen Balkon auszusuchen. Dabei haben wir uns angefreundet.«

Vielleicht kamen mir deshalb alle Männer seit einer Weile pervers vor, weil ich anspruchsvoller wurde. Sogar Jochen. Dabei meinte er es vielleicht nur gut. Ich musste aufpassen, nicht auf einem zu hohen Ross zu reiten. Dafür war ich nun wirklich schon zu alt. In unser aller Leben gab es Dinge, die sich als pervers interpretieren ließen. Vermutlich auch in meinem Leben. Es kam nur auf die Perspektive an.

»Werden deine Söhne auch da sein?«, fragte ich.

»Nur der jüngste. Er ist ein guter Koch. Lass dich überraschen.«

Jochens Gartenhaus lag in den Hängen des Wienerwaldes. Eigentlich war es mehr als ein Gartenhaus. Während ich ein Häuschen aus Holz erwartet hatte, stiegen wir vor einer ansehnlichen Backsteinvilla aus dem Wagen. Die Fassade war von zartrosa Rosen umrankt. Nur die dunklen Fenster blickten geheimnisvoll durch das Blätter- und Blütengewirr. Vor dem Haus plätscherte ein geschmackvoller Springbrunnen, weiter hinten gab es Himbeeren und sogar ein kleines Gemüsebeet samt Kräutergarten. Am Ufer eines ganz mit Wasserrosen bedeckten Froschteichs blühten die roten Lilien, von denen Jochen in seinem Brief geschrieben hatte. Ich hielt Ausschau nach den Orchideen, deren Schönheit er im gleichen Brief erwähnt und mit mir in Verbindung gebracht hatte. Ich fand sie nicht. Stattdessen sah ich Margeriten und Glockenblumen, einen Kirschbaum, der mich an zu Hause erinnerte, und eine Magnolie. Die hätte ich gern schon im Frühling bewundert, als sie noch ihre schweren Blüten trug, dachte ich.

Im Schatten eines Ahorns stand ein Tisch. Dort saß eine Frau mit einem kleinen Mädchen. Jochen steuerte auf sie zu und ich folgte ihm. Er gab der Frau einen Kuss auf die Stirn. Sie lächelte. Er tätschelte dem Mädchen den Kopf und grüßte beide.

»Liebe Susanne, das ist Elfriede, von der ich dir erzählt habe. Elfriede, das ist meine Frau Susanne.«

»Es freut mich sehr, Elfriede«, sagte Susanne.

»Die Freude ist ganz meinerseits.«

Ich versuchte, die Förmlichkeit der beiden nachzuahmen. Susanne sah gar nicht krank aus. Sie strahlte über das ganze Gesicht und machte einen zufriedenen und glücklichen Eindruck. Das Mädchen war die Tochter von Jochens mittlerem

Sohn, der mit seiner Frau einen Ausflug machte. Jetzt kam auch Jochens Jüngster aus dem Haus, den er mir angekündigt hatte.

»Ah, der hohe Gast ist da«, sagte er. »Elfriede, nicht wahr? Ich bin Rudolf und ich werde Sie heute mit meinen Kochkünsten verwöhnen. Sie sehen ja noch netter aus, als mein Vater Sie beschrieben hat.«

»Dein Sohn ist ein richtiger Charmeur«, sagte ich zu Jochen.

Mir war ziemlich mulmig zumute, weil ich keine Ahnung hatte, was genau Jochen von mir erzählt hatte. Ich fragte das Mädchen, wie alt es sei. Susanne antwortete statt des Kindes.

»Sag schon, wie alt du bist. Drei? Ja, richtig, drei Jahre bist du alt. Sie ist schon ein großes Mädchen.«

»Und wie heißt du?«, fragte ich weiter.

Wieder musste Susanne für die Kleine einspringen.

»Friederike heißt sie.«

Endlich meldete sich auch das Mädchen zu Wort.

»Rieke!«

»Eigentlich nennen wir sie Rieke«, sagte Susanne.

Ich lobte Riekes bunte Holzente und fragte, ob sie schon in den Kindergarten ging. Susanne bejahte. Bald erzählte Susanne aus ihrem Leben, und ich musste feststellen, dass sie mir sehr sympathisch war. Sie war immer Hausfrau gewesen. Aber sie war sehr gebildet, kannte viele bildende Künstler und war auch in der Musik sehr bewandert. Sie erzählte von ihren früheren Opernbesuchen und davon, wie sie sich immer bemüht hatte, ihre Kunstbegeisterung an die Söhne weiterzugeben. Es machte Spaß, mit dieser Frau locker und leicht zu plaudern. Jochen saß lächelnd neben uns und hörte zu. Später half er Rudolf beim Anrichten. Die beiden brachten Wein und Gläser, Besteck und Servietten. Rudolf trug ein großes Tablett mit fünf kleinen Silberglocken, die fünf kleine Teller bedeckten.

Den Wein, den Jochen gerade geöffnet hatte, lehnte ich ab. Der Alkoholismus meines zweiten Ehemannes hatte mir jede Freude an einem guten Tropfen vergällt. Rudolf stellte vor jeden von uns eine der kleinen Glocken.

»Keine Sorge«, sagte er. »Das ist nur die Vorspeise.«

Ich hob die Glocke und traute meinen Augen nicht. Auf einem winzigen Silbertellerchen mit fünf Mulden lagen fünf Weinbergschnecken.

»Eine Delikatesse«, sagte Jochen und reichte mir einen gebogenen Haken. »Damit ziehst du das Fleisch heraus. Hier hast du eine Zange. Mit der hältst du die Schnecke fest.«

Ich hatte so etwas noch nie gegessen. Dabei kannte ich als Kind eine Frau, die im Krieg immer Schnecken kochte. Sie warf sie in einen großen Topf, um den Schleim aus ihnen herauszukochen. Das verursachte viel Schmutz und Gestank.

Die Schnecken rutschten mir ständig aus der Zange. Aus den Augenwinkeln sah ich, dass sich sogar die kleine Rieke leichtertat als ich. Zu meinem Erstaunen schmeckten die Weichtiere dem Mädchen sogar. Auf wenig damenhafte Art, also eher mit den Fingern als mit dem Besteck, zog ich schließlich die erste Schnecke aus dem Gehäuse. Ich fand sie ungenießbar. Es war mir peinlich, nach dem teuren Wein auch noch die exquisite Vorspeise abzulehnen. Aber nach der zweiten Schnecke reichte es mir. Jochen wunderte sich, tröstete sich aber damit, dass er nun drei zusätzliche Schnecken abbekam.

Rudolf ließ sich nichts anmerken und kündigte die Hauptspeise – Wachteln mit einer Füllung aus Mangold und Rhabarber an Spargel-Wildreis-Risotto – als Überraschung an. Das war sie auch. Ich fand die Kombination von Mangold und Rhabarber mehr als gewöhnungsbedürftig und das Risotto war schleimig. Ein echtes Risotto muss immer schleimig sein. Aber ich esse den Reis trotzdem lieber auf primitive Art und höchstens mit Erbsen kombiniert. Ich esse auch lieber Hühner statt Wachteln und Fischstäbchen statt Kabeljauleber.

Ich stocherte also in meiner Wachtel, schob die kleinen Knochen auseinander und beobachtete, wie begeistert jeder einzelne meiner Tischgenossen war. Vor allem die kleine Rieke ließ es sich schmecken.

»Was ist denn dein Lieblingsessen?«, fragte ich sie.

Ich erwartete, dass gleich Susanne statt Rieke Pommes mit Ketchup oder Wiener Schnitzel anführen würde. Aber diesmal sprach die Kleine selbst.

»Austern«, sagte sie.

Ich dachte nicht näher darüber nach, aber irgendwo in meinem Hinterkopf hatte sich die Erkenntnis eingenistet, dass meine Liebe zu Jochen auch nur eine Illusion sein konnte. Unsere Welten waren zu verschieden.

»Wie schön«, sagte ich zu Rieke. »Magst du die Austern roh?«

»Mag ich die Austern roh, Opa?«, fragte sie Jochen.

Jochen nickte. Die engelsblonden Haare des Mädchens glänzten im Sonnenlicht.

Als ich ein Drittel der Wachtel gegessen hatte, strich Jochen mit seinem Fuß über meine Unterschenkel. Zuerst hielt ich es für einen Zufall und wich aus. Bald wurde klar, dass er es mit Absicht getan hatte. Ab und zu sah er mir lüstern tief in die Augen. Das alles vor seiner Familie, zu der er angeblich so sehr stand. Mir wurde ganz schwindlig. Trotz aller Schnecken, Wachteln und Austern war ich natürlich noch immer in ihn verliebt. Aber warum musste er unbedingt etwas tun, womit ich nicht einverstanden war? Das ich für falsch hielt. Was hätte seine Familie dazu gesagt, wenn sie gewusst hätte, was er unter dem Tisch mit der alten weißhaarigen Dame aus dem Gartenmarkt machte?

Ich entschuldigte mich und Rudolf begleitete mich hilfsbereit zur Toilette. Dort verbrachte ich einige Minuten, sah mich im Spiegel an, zählte meine Falten und dachte daran, wie schön und einfach es mit Gerald war. Was wollte ich eigentlich noch? Brauchte ich wirklich so dringend eine Beziehung? Hatte ich nicht bisher gut gelebt? Mussten Menschen immer noch mehr wollen? Warum genügte mir nicht der Frühling, den ich hatte. Warum wollte ich einen endlosen Frühling daraus machen? Und warum wollte ich einen einzigen Mann haben, wenn ich so viele haben konnte?

Für den Fall, dass jemand im Haus wäre, betätigte ich die Spülung und verließ das Badezimmer.

Da stand tatsächlich Jochen vor der Tür.

»Was fällt dir ein?«, zischte ich.

»Willst du nicht die Orchideen sehen?«, antwortete er im Flüsterton.

Er wollte meine Hand nehmen, doch ich entriss sie ihm wieder. Er ging vor mir her durch das Haus zum Hinterausgang. Ich folgte ihm wie ferngesteuert. Die Orchideen hingen von einem Balken, der parallel zur Dachrinne verlief. Es war eine Farbenpracht zwischen zartrosa, blutrot, dunkelviolett und schwarz. Auch bunte und weiße mit grellen Äderchen waren dabei. Ihre Formen waren ebenfalls unterschiedlich. Jetzt verstand ich Jochens Euphorie. Eine war wie die Vormittagssonne, eine andere eher die Abendsonne, die im Ozean versinkt. Eine war wie eine Fledermaus, eine andere erinnerte mich an hoch aufgetürmte Gewitterwolken. Schmetterlingen schienen sie alle verwandt zu sein. Bald sah ich Augen in ihnen, dann Münder. Endlich erinnerten sie mich an meine Vagina. Es erregte mich, diese versammelte Schönheit zu sehen, die der Mann neben mir pflegte.

»Sie sind für dich so schön geworden«, flüsterte Jochen.

Er legte mir eine Hand auf die Schulter. Ich schloss die Augen und unwillkürlich öffnete sich mein Mund. Ehe ich mich versah, hatte Jochen einen heißen Kuss auf meine Lippen gedrückt. Eine fremde Macht hatte mich wohl unter Kontrolle. Ich schmiegte mich an ihn, drückte meinen Schritt gegen seinen Oberschenkel, meine Brust gegen die seine, schlang meine Arme um seinen breiten Rücken. Zum Glück hatte er noch einen Funken Anstand. Er schob mich weg. Wir mussten zum Tisch zurück.

»Es gibt noch Kaffee«, sagte er.

Ich war im Kopf wieder klar geworden. Beim Kaffee unterhielt ich mich besonders freundschaftlich mit der betrogenen Susanne. Dabei wurde sie mir nur noch sympathischer. Allein ihre Ausdrucksweise war so liebenswert. Sie sprach nicht zu laut, aber bestimmt. Ihre Stimme war weich, und dennoch hatte sie einen hellen Glockenklang. Sie wusste viel, klang aber nie besserwisserisch, wenn sie mich zum Beispiel über verschiedene Architekturstile aufklärte. Eine Sache freilich wusste sie nicht. Dass nämlich ihr Mann und ich nicht voneinander lassen konnten.

Ich hatte schon ganz vergessen, wie schwer krank Susanne war, als sie plötzlich von einem heftigen Anfall heimgesucht wurde. Ihr Gesicht wurde bleich, dann grün und gleich darauf fast dunkelblau. Speichel rann ihr aus dem Mund. Sie zitterte am ganzen Körper und schlug mit den Händen um sich. Jochen und Rudolf sprangen auf. Rudolf hielt seine Mutter fest, und Jochen gab ihr eine Spritze, die die ganze Zeit über, von mir unbemerkt, bereitgelegen hatte. Rudolf holte eilig feuchte Tücher aus dem Haus und wischte seine Mutter ab.

Ich nahm mich der kleinen Rieke an und spielte mit ihr beim Froschteich. Ihre Holzente sei bestimmt durstig, sagte ich. Wir tränkten die Ente und fütterten sie mit Himbeeren, indem wir sie ihr vor den Schnabel hielten und dann rasch selber aßen. Es fiel mir schwer, ruhig zu bleiben. Auch Rieke schien zu wissen, dass das Spielen nur ihrer Ablenkung diente.

»Oma geht es gleich besser«, sagte ich.

»Ich weiß«, sagte sie.

Sie war ein so hübsches kleines Kind. Ich hoffte in diesem Augenblick von Herzen, dass sie nie ein Schicksal wie das ihrer Großmutter treffen würde. Oder wie meines.

Die beiden Männer trugen Susanne ins Haus und die Situation beruhigte sich. Ich fühlte, dass ich besser aufbrach, und wollte ein Taxi bestellen. Aber Jochen bestand darauf, mich zu fahren. Ich war dagegen. Er sollte bei seiner Frau bleiben.

Rudolf trat aus dem Zimmer, in dem Susanne lag, und hörte unser Gespräch mit.

»Auf keinen Fall fährst du jetzt weg, Papa«, sagte er. »Ich bringe Elfriede heim.«

Während der Fahrt sprachen wir wenig. Nur zwei Dinge kamen Rudolf über die Lippen.

»Diese Anfälle hat meine Mutter häufig. Sie sind nicht ganz so schlimm, wie sie aussehen.«

Das Zweite war eine Frage, mit der ich nicht gerechnet hatte.

»Wie lange kennt ihr euch nun eigentlich schon, du und mein Vater?«

»Schon eine ganze Weile«, sagte ich unbestimmt.

»Natürlich«, sagte Rudolf.

Er sagte es ohne jeden ironischen Unterton. Trotzdem fürchtete ich, dass er das Geheimnis, das seinen Vater und mich verband, erahnte. Immerhin blieb mir eine Hoffnung. Dass nämlich niemand eine sexuelle Verbindung zwischen dem treuen Familienoberhaupt und mir, der uralten Oma aus Niederösterreich, für möglich halten würde.

Obwohl das Mittagessen bei Jochen einen ziemlich unangenehmen Verlauf genommen hatte, behielt ich es in guter Erinnerung. Ich hatte dabei seine Familie liebgewonnen und verstand nun vollkommen, warum er sich nicht von ihr trennen wollte. Auch die außergewöhnlichen Speisen erschienen mir im Nachhinein nicht mehr so abstoßend.

Einfacher machte das die Sache für mich nicht. Mein schlechtes Gewissen Susanne gegenüber war gewachsen. Noch schlimmer wurde es durch das Liebesgeständnis, das mir Jochen bei einem seiner folgenden Besuche machte. Immerhin bewirkten diese Turbulenzen, dass ich die zwanzig Jahre Altersunterschied vollkommen vergaß.

Ich schlief abwechselnd mit Jochen und mit Gerald. Franz meldete sich nicht mehr und ich vermisste ihn nicht allzu sehr. Der Sommer verging. Ich hatte inzwischen der nächsten Haushaltshilfe gekündigt und kümmerte mich allein um den Haushalt. Die Physiotherapeutin lobte mich. Sie sagte, dass mein Bein große Fortschritte mache.

»Sie sind das beste Beispiel dafür, wie gut ein Oberschenkelhalsbruch heute behandelt werden kann.«

Gleichzeitig warnte sie mich davor, mich zu überanstrengen. Sie sagte, dass ich mein gesundes Bein zu stark belasten würde und dass dabei mein Knie beschädigt werden könnte.

Gerald war bei seinen Besuchen lustig, gut gelaunt und liebevoll wie immer. Wir machten einige Ausflüge ins Grüne. Einmal besuchten wir ein Lokal im Wienerwald, das für seine Grillhühner bekannt war. Danach gingen wir zwischen Buchen spazieren. Wir mussten langsam gehen und hatten umso mehr Zeit, den herben Waldduft einzuatmen. Zwischen uns stieg die Spannung. Da packte er mich, hob mich auf seinen Rücken und trug mich vom Weg weg in den Wald hinein. Als uns niemand mehr sehen konnte, stellte er mich vorsichtig ab und warf seine Jacke auf den feuchten Waldboden. Er legte meine daneben, küsste mich und fuhr mir mit den Händen unter den Rock. Ich öffnete seinen Hosenschlitz, holte seinen Schwanz heraus und spielte mit ihm, bis er ganz hart war. Gerald half mir, mich zu setzen. Ich lehnte mich mit dem Rücken an eine Buche. Ihre Rinde war glatt und die Gabelung ihres Stammes sah aus wie ein weiblicher Schritt. Ich zog Gerald zu mir und nahm seinen Schwanz in meinen Mund. Er presste sein Becken gegen mein Gesicht, und ich fand es herrlich, ihn ganz in mir zu haben. Zwischendurch fuhr er mit seinem Schwanz leicht und zärtlich über meine Lippen und über meine Zunge.

Danach bettete er mich sanft auf seine Jacke. Ich rollte mich mit einem unterdrückten Ächzen auf den Bauch und streckte ihm meinen Hintern entgegen. Er fuhr mit der Eichel meine Schamlippen entlang und massierte mit den Fingern meine Klitoris. Fester und fester drückte er seine Finger gegen mich, bewegte sie immer schneller. Mein Körper gehörte nicht mehr mir, sondern er tat alles ganz von selbst und gehörte Gerald allein. Mein Gesicht bohrte sich tiefer in den feuchten kühlen Waldboden, feine Ästchen kratzten mich an der Stirn und an der Wange.

Gerald steckte mir einen Finger in den anderen Eingang und lockerte ihn nach und nach. Seine andere Hand setzte weiterhin meiner Scheide zu. Endlich drang er in mich ein, und zwar so heftig, dass ich mir beide Hände in den Mund stopfen musste, um nicht alle Bewohner und Besucher des Waldes durch mein Geschrei zu verschrecken. Gerald befriedigte sich zwar an meinem Hintern eher selbst, aber das gönnte ich ihm. Zum Ausgleich dafür ließ mich seine flinke Hand mehrmals hintereinander heftig kommen.

Nach meinem dritten Orgasmus verlangsamte er seine Bewegungen und wurde wieder vollkommen zärtlich. Er umarmte mich von hinten, hielt meine Brüste fest, strich mir durchs Haar, küsste mich hinter dem Ohr und bewegte sich langsam in mir. Ein letztes Mal stieß er zu und kam.

Wir lagen noch lange eng umschlungen da. Die Erde roch nach Pilzen, Harz und Schweiß. Endlich glitt er aus mir heraus und wir reinigten uns gegenseitig mit meinen Feuchttüchern. Gerald fischte mir die Zweige und Tannennadeln aus den Haaren.

»Danke«, sagte ich.

Ich bedankte mich auch deshalb, weil ich mit Jochen solche wilden Liebesabenteuer nie erlebte. Jochen war ein Mann für Blümchensex in Missionarsstellung. Das machte er zwar ganz gut. Er wusste ziemlich genau, wie er den Winkel ändern musste. Er leckte auch ganz gut. Es irritierte mich trotzdem, dass Jochen, dieser sonst so leidenschaftliche Mann, nicht mehr draufhatte. Dass er immer das Licht abdrehte, dass er mich nie sein bestes Stück in den Mund nehmen, ja nicht einmal anfassen ließ.

10

Es war Ende August. Jochen hatte sich mehr als eine Woche nicht gemeldet. So war das eben mit verheirateten Männern. Sie waren beschäftigt. Ich verübelte es Jochen nicht. Andererseits wollte ich nicht warten. Warten war auch eines der Dinge, für die ich schon zu alt war. Ich lernte einen sympathischen Oberkellner eines noblen Wiener Kaffeehauses kennen. Er hieß Hans. Hans war dick, hatte aber muskulöse Arme, was wahrscheinlich von den vielen schweren Tabletts kam. Er war gepflegt, doch ich stellte fest, dass Wiener Oberkellner nicht nur im Kaffeehaus unwirsch waren, sondern auch im Bett.

Wir trafen uns zunächst im Espresso bei mir an der Ecke. Wir blieben aber nicht lang, weil Hans dort sowohl die Bedienung als auch den Kaffee schrecklich fand. Ich schlief mit ihm, nur um mir nicht den Vorwurf machen zu müssen, als Zweiundachtzigjährige noch zu warten. Hans legte mich auf den Bauch, bediente sich und ging. Es tröstete mich, dass am nächsten Tag Gerald kommen würde. Eigenartigerweise hatte dieser trockene, einsilbige und lustlose Sex mit Hans zur Folge, dass ich mich mit meinem Leben ohne Beziehung, dafür mit Gerald und ein paar Männern als Draufgabe, ganz gut fühlte. Ich tat, was ich wollte. Ich hätte auch schon tot sein können, senil oder vertrocknet. Aber ich lebte wie eine junge Frau, mit all der zusätzlichen Freiheit, die mir mein Alter brachte. Da rief Jochen an.

»Geh auf den Balkon«, sagte er.

Da unten stand er und winkte. Ich mochte solche Überraschungen gar nicht. Ich öffnete ihm wortlos die Tür, setzte mich aufs Sofa und wartete. Jochen stürmte herein und entschuldigte sich so lang, mich überfallen zu haben, bis ich ihm verzieh und wieder lächelte. Er reichte mir ein Körbchen mit Beeren aus seinem Garten.

»Danke«, sagte ich.

Er stand immer noch vor mir.

»Ich muss dir etwas zeigen«, sagte er.

»Was?«

»Warte noch«, stotterte er. »Ich habe einen Wunsch.«

Ich dachte zu verstehen. Er hatte sich immer so gesträubt, mich seinen Penis anfassen zu lassen. Vielleicht hatte er irgendeine kindliche Scham, die er jetzt überwinden wollte? Ich war interessiert.

»Ich erfülle dir fast alle Wünsche gern«, sagte ich.

»Willst du mir einen blasen?«

Ich wunderte mich über die Frage. Ich fand solche Fragen auch immer eher unnötig. Ich mochte ja immer schon bestimmende Männer.

Er wollte, dass ich sitzen bleibe und die Augen schließe. Ich tat, wie mir geheißen, lehnte mich auf dem Sofa ein wenig nach vorne und öffnete den Mund.

»Ich habe eine Erektion, seit ich daheim losgefahren bin«, sagte er. »So sehr habe ich mich auf dich gefreut.«

Er keuchte und seine heiße Eichel berührte meine Lippen. Ich befeuchtete meine Lippen mit der Zunge. Er schob seinen Schwanz in meine Mundhöhle, legte ihn auf meine Zunge, schob ihn langsam hin und her.

Es war ein ungewohntes Gefühl. Die Eichel stieß gegen meinen Gaumen. Der Penis füllte meinen Mund irgendwie mehr aus, als es bei meinen anderen Männern bisher immer der Fall gewesen war. Ich befühlte den Schwanz, den ich bisher noch nie gesehen hatte, mit meiner Zunge, und da wurde mir klar, warum ihn Jochen immer vor mit versteckte. Er war offenbar sehr stark gekrümmt. Wahrscheinlich schämte er sich dafür.

Ich öffnete die Augen und wollte sein Becken von mir wegdrücken. Ich wollte mir sein Teil einmal ansehen.

»Lass die Augen zu«, sagte er.

Fast panisch presste er sein Becken gegen mich und hielt meinen Kopf fest, damit ich seinen Schwanz nicht ausspucken konnte. Er wollte sich auf diese Weise verstecken. In mir.

Reflexartig wehrte ich mich. Ich hatte nicht gedacht, dass Jochen so verrückt werden könnte. Er hielt mir mit den Händen die Augen zu. Erst als ich vor Schmerzen und Angst zu schreien begann, soweit ich mit einem derart geknebelten Mund schreien konnte, ließ er mich los. Er hielt seine Hände schützend vor seinen Schritt.

»Was war das für ein Unsinn?«, fragte ich.

Jochen war ganz zittrig. Er konnte nicht mehr stehen und setzte sich neben mich. Sein Geschlecht bedeckte er immer noch mit den Händen.

»Es ist mir so unangenehm«, sagte er.

»Was? Dass du so grob bist?«

Bedrückt schüttelte er den Kopf.

»Er sieht doch furchtbar aus, findest du nicht?«

Schön war so ein verbogenes Ding natürlich nicht. Ich hatte aber nicht die Absicht, ihm das zu sagen.

»Weil er gebogen ist wie ein Sarazenendolch?«

»Ich will ihn operieren lassen«, sagte Jochen.

»Warum willst du dir das antun?«, fragte ich.

»Für dich.«

»Für mich?«

»Mit meiner Frau schlafe ich nicht mehr. Mit dir bin ich hoffentlich noch lange zusammen.«

Ein Mann, der eine Frau mit zweiundachtzig begehrte, begehrte sie vermutlich auch noch mit hundertzwei. Die Frage war, ob er, wenn er selbst zweiundachtzig war, noch begehren konnte. Ich dachte an Johannes im Altersheim.

»Ich kenne einen Kollegen in Düsseldorf, der auf solche Operationen spezialisiert ist. Ich kann ohne dich nicht mehr leben. Und ich will dir gefallen.«

Was wollte mir Jochen sagen? Wollte er seinen Schwanz für mich begradigen lassen, um dann auf den Tod seiner Frau zu warten? Ich fand diesen Gedanken unappetitlich. Aber genau das war ganz offensichtlich seine Absicht.

Wieso kam es immer zu irgendeinem Ärgernis, wenn Jochen und ich uns trafen, obwohl ich mich doch immer so sehr auf seine Besuche freute? Jedes, wirklich jedes Mal kam es zu einer Verwicklung, die mich verwirrte.

Ich sah aus dem Fenster, um nicht mit ihm reden zu müssen. Ich bemerkte einen Schwalbenschwarm. Die Vögel zogen weite Bögen über den blauen Himmel, und ich hoffte wirklich, dass sie zusammenstießen, abstürzten und starben. Vielleicht wäre Jochen dann gegangen. Ich sah nach den Wolken. Warum zog kein Sturm auf? Warum war der Himmel blau? Warum war das Haus gegenüber nicht ein Vulkan, der Asche und Glut spie? Dann wäre Jochen erstickt und ich hätte ihm nicht mehr zuhören müssen.

Das Schlimme war, dass mir seine Idee, sich für mich einer Schönheitsoperation zu unterziehen, unglaublich schmeichelte. Ich hasste es, so hin und her gerissen zu sein zwischen Liebe und Abscheu.

»Ich liebe dich«, sagte Jochen. »Wirklich. Die Liebe ist doch das Gefühl, nicht mehr ohne den anderen Menschen leben zu können. Sie ist doch das Gefühl, kein vollständiger Mensch zu sein ohne den anderen. Sie ist doch der Glaube, dass einem der geliebte Mensch für immer erhalten bleibt. Habe ich etwas vergessen? Die Liebe ist doch Glück, das reinste Glück und die vollste Erfüllung. Und die empfinde ich, wenn wir zusammen sind.«

»Halt doch bitte einfach den Mund«, sagte ich.

Sein Gerede nervte mich. Wenn die Liebe so war, wie er sie beschrieb, dann war sie weder erstrebenswert noch gesund noch irgendwie positiv, sondern der reinste Albtraum. Dieser Gedanke verstärkte sich in meinem Kopf, er schlug von innen gegen meinen Schädel, vor meinen Augen wurde es schwarz.

»Wenn dich zu lieben bedeutet, deiner Frau den Tod zu wünschen, dann liebe ich dich sicher nicht«, schrie ich. »Ich mag sie nämlich und ich wünsche ihr nur das Beste. Wenn du hoffen willst, dass sie möglichst bald stirbt, dann tu das alleine.«

Er hatte mich noch nie schreien gehört. Er hielt seinen Kopf gesenkt wie ein beleidigter Schuljunge und schwieg.

»Den Schwanz lasse ich mir trotzdem operieren«, sagte er schließlich. »Für dich.«

»Verschwinde.«

»Elfriede ...«

»Verschwinde aus meiner Wohnung.«

Ich wollte kein Wort mehr von ihm hören.

Am nächsten Tag kam mich Gerald besuchen. Ich erzählte ihm von meinen neuen Problemen mit Jochen und von Jochens Idee mit der Operation.

»Du hast Bindungsängste«, sagte Gerald.

»Was habe ich?«

Ich traute meinen Ohren nicht. Was hatte er da gesagt?

»Du hast Bindungsängste, das ist doch klar. Jochen will für dich sogar seinen Körper verändern. Er will buchstäblich einen Einschnitt machen. Und dir macht es Angst, dass er sich so an dich bindet. Dich beunruhigt die Vorstellung, ihn nicht mehr loszuwerden.«

»Schön und gut«, sagte ich, »aber was ist mit seiner Frau?«

»Dass er eine kranke Ehefrau hat, macht die Sache natürlich komplizierter. Aber bisher hast du das ja ausgehalten. Am meisten stört dich, dass er dich vor vollendete Tatsachen stellt. Wenn ich sagen würde, dass ich mir meine Nase begradigen lassen will, weil ich dich so sehr liebe, dann …«

»Dann wäre ich begeistert«, unterbrach ich ihn.

»Nein. Du wärst irritiert und würdest es abstoßend finden.«

»Bei dir wäre es etwas anderes. Mit dir würde ich gern zusammenbleiben. Du bist immer so gut zu mir. Ich kann mit dir reden, worüber ich will. Im Bett bist du unschlagbar. Du bist schön.«

»Du bist glücklich mit mir, weil alles so ist, wie es ist. Würden wir etwas daran ändern, hättest du mit mir ziemlich bald ähnliche Probleme wie mit Jochen.«

»Ich weiß nicht«, sagte ich. »Ich glaube schon, dass ich für eine Beziehung bereit wäre.«

»Dann liebst du Jochen einfach nicht.«

»Wahrscheinlich«, murmelte ich.

Ich sah wieder aus dem Fenster. Ich hoffte, dass Gerald über mich herfallen und mich ficken würde. So müsste ich mir nicht weiter die Wahrheit von ihm anhören.

»Willst du spazieren gehen?«, fragte er.

Ich schüttelte den Kopf. Mein Knie machte mir erhebliche Probleme. Nach der Oberschenkeloperation hatte ich es falsch belastet. Ich fühlte mich schwach. Ich fühlte mich schlecht. Ich fühlte mich alt. Gerald küsste mich auf die Wange. Auf die Wange voller Falten. Er strich mir durchs Haar. Durch das weiße, lichte Haar. Er stieß mit der Nase gegen meine Brille. Es stach in meinem Knie. Meine Muschi blieb vollkommen trocken. Er leckte über meinen Hals. Über meinen Hals mit Doppelkinn. Er legte seine Hand auf meinen Oberschenkel. Auf meinen aufgedunsenen Oberschenkel.

»Ich kann heute nicht«, sagte ich.

»Das macht nichts«, sagte Gerald.

Er wollte lieb sein. Aber mich beleidigte es, dass es ihm nichts ausmachte.

»Bitte, Gerald, komm bald wieder. Möglichst bald. Aber heute lass mich allein«, sagte ich.

Ich fühlte Tränen aus meinem Herz in meine Augen steigen.

Gerald küsste mich noch einmal auf die Stirn, sagte ein paar Worte zum Abschied und war weg. Es kam mir vor, als hätte ich gerade innerhalb von zwei Tagen meine zwei beiden treuesten Liebhaber verloren.

Ein paar Stunden, nachdem Gerald die Tür hinter sich geschlossen hatte, geisterten mir Verse und Reime durch den Kopf. Ich schrieb ein trauriges Gedicht.

Ein krankes Bein stirbt bald in meinem Schoß.
Und niemals wird der Frühling kommen.
Das Leben ist zu klein. Der Tod ist groß.
Ich hab mir selbst die Liebe fortgenommen.

Kaum fuhr durch meinen Wannenschaum ein Floß
Aus hellem Holz in neue Welten, kaum ließ ich's los,
Kaum hat das Floß die erste Welle erklommen,
Da habe ich mir selbst die Liebe fortgenommen.

11

Die meisten Reaktionen auf meine Inserate hatte ich bisher ignoriert. Jetzt antwortete ich sorgfältig jedem einzelnen der Männer, die mir geschrieben hatten. Wer ein Bild von mir wünschte, bekam es.

Meine Erfahrungen waren ähnliche wie bei meiner Suche nach Affären. Es waren Männer, die ihre Vorliebe für alte Frauen entdeckt hatten. Mit einem kleinen Unterschied. Diesmal logen mir die Männer vor, dass sie eine Beziehung suchten. Das taten sie offensichtlich nur, weil ich es so wollte. Tatsächlich ging es um Sex. Das Gerede über Beziehungen bei den Treffen machte die Sache nur mühsam. Meine Hoffnung, den Richtigen zu finden, schwand. Was nicht hieß, dass mir das Ganze nicht auch Spaß machte.

Ein merkwürdiges Telefonat führte ich mit einem Studenten. Er hieß Jonathan. In seinem Brief hatte er behauptet, fünfzig Jahre alt zu sein. Am Telefon sagte er dann die Wahrheit. Er war Mitte zwanzig.

»Du suchst also eine feste Beziehung und fängst mit einer Lüge an«, sagte ich schnippisch.

»Ich war nur unsicher«, sagte er.

Ohne einzuatmen, fuhr er fort.

»Darf ich einen Freund mitbringen? Wir hätten gern beide eine feste Beziehung mit dir.«

»Dann wollt ihr mich ficken, bis euch Hörner wachsen.«

»Wie bitte?«

»Sag deinem Freund, dass ihr beide gerontophil seid. So nennt man Männer, die der Gedanke an eine alte, gebrechliche Frau geil macht. Es gibt sicher eine Menge Prostituierte, die euch glücklich machen. In Wien gibt es zum Beispiel in der Nähe des Gürtels ein kleines Stundenhotel, wo die Huren alle schon die dritten Zähne haben.«

Warum war ich eigentlich so streng gewesen? Als ich aufgelegt hatte, stellte ich mir unwillkürlich vor, wie es mit den beiden gewesen wäre. Zwei schlanke, durchtrainierte Jungs, einer blond und einer dunkel. Ich genoss die Fantasie. Sie küssten und leckten mich beide gleichzeitig so ziemlich überall. Sie schoben meine Brüste hin und her, saugten an meinen Brustwarzen und leckten über meinen Hals und meinen Bauch. Der eine küsste mich überall im Gesicht, der andere bearbeitete meine Vagina und bohrte seine Zunge, seine Nase und sein Jochbein in mich. Dann wechselten sie sich auf mir ab. Es dauerte mehr als zwei Stunden, bis mir der Blonde ins Gesicht spritzte. Ich mochte das in Wirklichkeit nicht besonders, aber in meiner Vorstellung genoss ich es. Während der Dunkle neben meinem Kopf kniete, mit seinem Schwanz vor meinen Augen herumwirbelte und ihn dann und wann gegen meine Lippen presste, war der Blonde schon wieder so weit und fickte mich weiter. Sie wechselten sich weiter auf mir ab. Als die Nacht kam, machten sie weiter. Sie machten weiter, als die Vögel schon wieder zwitscherten. Ich schlief ein, und als ich wieder hellwach war, waren sie noch immer an mir zugange. Sie verwendeten Gleitgel. Manchmal steckten sie mir, um wieder Kraft zu schöpfen, statt ihren Schwänzen ihre Finger in den Körper, manchmal sogar ihre ganzen Hände. Ich war längst offen genug dafür. Am Morgen hatten sie es sich zur Gewohnheit gemacht, mich zu ohrfeigen, wenn ich einzuschlafen drohte. Ich verübelte es ihnen nicht, sondern belohnte ihre Bemühungen mit zahlreichen Orgasmen. Ich bekam so leicht einen Orgasmus, nicht nur in der Fantasie. Manchmal hatte ich das Gefühl, dass es reichte, wenn mich ein Mann intensiv ansah. Vielleicht lag es daran, dass meine Wechseljahre schon so lang vorüber waren. Ich schrieb die Fantasie auf, um irgendwann eine Kurzgeschichte daraus zu machen. »Ihr könnt so oft kommen, wie ihr wollt«, sagte ich in dieser Niederschrift zum Abschied.

Sie lachten beide.

»Wir sind oft genug gekommen, glaube ich«, sagte der Blonde.

Es regnete mindestens zwei Wochen am Stück. Ich ging die ganze Zeit nicht hinaus und fühlte mich, als würde ich verfaulen. Ich hatte Angst, dass meine Depressionen zurückkehren würden, trotz aller positiven Veränderungen in meinem Leben. Ab und zu läutete es an der Tür und irgendjemand kam herein. Irgendjemand, mit dem ich Wochen zuvor ein Treffen ausgemacht hatte. Ich war zu schwach, um abzulehnen. Außerdem hoffte ich irgendwie auf Rettung. Aber es kam keine Rettung. Es kamen nur Männer, bei denen ich mir ein Wort dachte, noch ehe sie saßen: nein.

Lange Stunden lag ich wach im Bett und versuchte, mich an das Gesicht des Jungen zu erinnern, in den ich als Mädchen unglücklich verliebt gewesen war. Meine Mutter hatte ihn damals vertrieben und ich hatte nichts dagegen unternommen. Draußen prasselte der Regen auf meinen Balkon und gefror in den Töpfen meiner längst verwelkten Pflanzen. Es war Nacht. Es war mindestens seit einer Woche Nacht.

Ich hatte diesen Jungen so sehr geliebt. Monatelang hatte ich bei jeder Gelegenheit geweint. Immer, wenn ich allein gewesen war. Immer, wenn ich mich in dem Zimmer, das ich mit meinen Schwestern geteilt hatte, unter der Decke versteckt hatte. Ich sah das Gesicht des Jungen. Es war blass und seine Augen waren groß, aber matt. Seine Lippen waren vertrocknet und schmal. Seine Wangen waren eingefallen. Meine Mutter trat an ihn heran und bohrte ihm einen Fingernagel in die zarte Wange. Die Wangenhaut schien dünn zu sein wie Papier. Die Augen meiner Mutter waren rot und ihr Mund war weit aufgerissen. Von ihrem blutroten Zahnfleisch fielen die Zähne ab. Sie fielen einfach heraus, lösten sich wie das Laub von den Bäumen im Herbst, und dann fielen sie auf den Boden wie Kieselsteine von einem Lastwagen. Sie sprangen auf dem Boden herum und Staub stieg auf. Meine Mutter nahm ein Nudelholz zur Hand und schlug meinem geliebten Jungen eine Delle in den Schädel. Ich sah das Hirn heraustreten. Im Krieg hatte ich einen Mann mit einem zerschossenen Kopf auf der Straße liegen gesehen. Die Bilder vermischten sich.

Ich stand unter einer Laterne und von der Laterne hing ein Strick. Ich legte mir den Strick um den Hals. Der Strick zog mich in den Himmel hinauf zu den Engeln. Meine Mutter stand unten auf der Erde, die mit Knochen übersät war, und spuckte weiter ihre Zähne aus.

Ich hatte furchtbare Kopfschmerzen. Ich saß am Tisch und versuchte, meine Gedanken zu lenken. Ich hatte es immer wieder geübt, wenn mich im Herbst die Depressionen heimgesucht hatten. Ich machte Atemübungen. Viermal einatmen, achtmal ausatmen. Es half nicht.

Im Himmel begegnete ich meinem Geliebten. Er war nackt und schwebte mit ausgestreckten Armen über einer Wolke. Er war schlank. Er leuchtete. Aber er stank wie die Leiche, die Taucher einmal aus dem Donaukanal gefischt hatten, als meine Mutter und ich gerade vorbeigegangen waren. Meine Mutter hatte mir die Augen zugehalten. Trotzdem waren wir stehengeblieben. Ich hatte die Leiche zwar nicht gesehen, aber die ganze Zeit über gerochen.

Mein nackter Geliebter hatte ein Messer in der Hand. Anscheinend wollte er sich selbst verstümmeln. Ich schlug mir gegen den Kopf. Mein Kopf fiel ab und stürzte zurück zur Erde hinunter, wo schon meine Mutter wartete, um sich aus meinen Zähnen eine Prothese zu machen.

Mit einem Messer schabte ich die Tränen von meinen Wangen und hob sie in einem Einmachglas auf. Es wurde voll. Meine Schwestern fanden das Glas, leerten und kochten es aus und verwendeten es für eine Suppe. Ich fand es eines Tages im Lebensmittelregal. Ich erkannte es, weil ich in den Verschluss ein Herz geritzt hatte. Ich ließ es fallen, aber es barst nicht.

Ich werde immer bei dir sein.
Du bleibst für immer mein.
Ich werde ohne dich nicht sterben.
Die Suppe wird verderben.

Ich liebe dich. So lasse ich dich leben.
Und wird mich mal ein Strick
Hoch in den Himmel heben,
Dann wartet dort dein Blick.

Wenn meine Schwestern schliefen,
Dann starb ich. Ich war bei dir.
Und meine alten Wangen triefen
Bis heute. Noch bin ich hier.
Noch bin ich nicht bei dir.

12

Unversehens standen die Weihnachtsfeiertage vor der Tür. Die Menschen waren mit ihren Familien beschäftigt, und das war mir nur recht so. Auch meine Söhne feierten mit ihren Familien und wussten, dass ich keinen sonderlichen Wert darauf legte, eine Weihnachtsoma zu sein. Zu dieser Jahreszeit war ich schon immer schwierig gewesen. Ein paar Mal läutete das Telefon, aber ich ignorierte es.

Doch am vierundzwanzigsten Dezember hämmerte jemand gegen meine Wohnungstür. Ich warf mir den Morgenmantel über und öffnete. Ich tippte auf Gerald. Vielleicht hatte er sich Sorgen gemacht.

Aber es war Franz. Seit seinem Besuch nach meiner Entlassung aus dem Krankenhaus hatte ich mich nicht mehr mit ihm getroffen. Ich hatte ihn nicht wirklich vermisst. Er war so grob zu mir gewesen, und ich wusste, dass er auch seine Freundin schlecht behandelte. Dass er alleine nach Hawaii gefahren war, hatte mich in dieser Einschätzung nur bestätigt.

»Was machst du denn hier?«, fragte ich.

»Meine Freundin hat Schluss gemacht«, sagte er.

Eine Sekunde lang hatte ich gedacht, dass er sich vielleicht entschuldigen und mir fröhliche Weihnachten wünschen wollte. Ich saß inzwischen wieder auf dem Sofa, weil mein Knie unerträglich schmerzte.

»Kein Wunder, wenn du ohne sie Urlaub machst«, sagte ich.

»Was hätte ich in Honolulu mit ihr machen sollen? Einen Dreier?«

»Du bist ein Idiot«, sagte ich. »Und jetzt bist du da, weil du getröstet werden willst.«

»Ich komme zu dir, um dich zu ficken.«

»Willst du dich an deiner Freundin rächen?«

»Nicht nur an meiner Freundin«, sagte er.

Grob drückte er mich zur Seite. Ich wehrte mich nicht richtig, ich versuchte nur, mein wundes Bein zu schützen. Offenbar interpretierte er das als Zustimmung. Ich kam nicht einmal dazu, ihn zu beschimpfen, da war er schon in mir, und es brannte, weil ich ihn nicht wollte. Hilflos und ohne Atem versuchte ich, auf ihn einzuschlagen. Warum hatte ich diesen Menschen je in mein Leben gelassen? Was fällt dir ein, wollte ich sagen, aber nicht einmal dazu reichte meine Kraft. Der Winter und die Dunkelheit hatten sie mir aus dem Leib gesogen, und Franz nahm mir mit seiner Kälte den Rest.

Im Badezimmer kam ich wieder zu mir. Ich lag auf den Kacheln und Franz besprühte mich mit kaltem Wasser.

»Du stinkst, du Hure, und dieser Wasserhahn funktioniert nicht richtig«, sagte er.

Ich flehte ihn an, mich in Ruhe zu lassen. Aber er hob mich hoch, trug mich ins Bett und wickelte mich in eine Decke. Nach einer Weile brachte er Tee.

»Ich räume jetzt deine Küche auf«, sagte er.

Es klang wie eine Drohung.

»Franz«, sagte ich leise. »Es geht mir nicht gut. Bitte fahr wieder heim.«

Dann schlief ich ein und in meinem Traum fühlte ich mich sicher und gut. Ich träumte, dass Franz durch die Trennung von seiner Freundin ein guter und liebenswerter Mann geworden war. Ich träumte, dass er mein Mann wurde und wir für immer zufrieden waren. Dass er mein Prinz war, der gekommen war, um mich zu retten. Ein unbeholfener und ungehobelter Prinz zwar, aber immerhin. Ich erwachte, als er mit einem Ruck die Decke von mir zog.

»Was wird das, Liebling?«, fragte ich schlaftrunken.

»Ich bin in der Küche fertig«, sagte er.

Mich fröstelte, als er mich mit seinen Eisenhänden berührte.

»Mach keinen Blödsinn, Franz«, sagte ich.

Er reagierte nicht. Ich würde mich auch dieses Mal nicht wehren können. Mit meinem Bein war nichts auszurichten. Ich konnte es über mich ergehen lassen. So wie ich es über mich ergehen lassen hatte, wenn sich damals mein zweiter Mann betrunken an mir bedient hatte.

Er schlug mich. Er schlug mich nur leicht, er hatte es schon einmal genauso gemacht, und ich hatte es lustig gefunden, aber damals hatten wir es uns ausgemacht. Mit seinen Eisenhänden griff er mir zwischen die Beine. Ich hätte ihn am liebsten umgebracht.

»Tut dir etwas weh?«, fragte er.

»Mein Knie«, keuchte ich.

»Welches?«

»Das linke.«

»Gut. Ich passe auf.«

Ich entspannte mich etwas, weil ich zumindest keine Angst mehr hatte. Wehrlos und vergewaltigt fühlte ich mich trotzdem, als er seinen Hosenschlitz öffnete und seinen Schwanz in mich hineinpresste. Es fühlte sich an, als würde er mich zerreißen. Mir stockte der Atem.

Ich schloss die Augen und redete mir selbst zu, ruhig zu bleiben. Nach einer Weile atmete ich wieder regelmäßig. Seine Stöße wurden rhythmisch. Franz achtete trotz allem darauf, dass er mit seinen Bewegungen auch meine Klitoris massierte. Ich hasste ihn und ein bisschen auch mich dafür, dass ich ziemlich gleichzeitig mit ihm einen Orgasmus bekam. Er rollte von mir und drückte seine Handfläche auf meine Augen.

»Frohe Weihnachten«, sagte er.

Es klang roh und gewalttätig. Unter den Lidern meiner geschlossenen Augen traten Tränen hervor, als die Tür hinter ihm ins Schloss fiel. Nichts hatte mich je mehr beleidigt. Ich wollte duschen, schaffte es aber nicht und blieb liegen, wie ich war. Herrliche Weihnachten. Ich fragte mich, was der Mann fürs Leben, den ich suchte, von mir gedacht hätte, wenn er mich so gesehen hätte.

Als ich wieder zu mir kam, war längst der Tag angebrochen. Ich lag da wie ein Opfer. Ich fühlte mich geschändet und hätte gerne um Hilfe gerufen, aber die Art von Hilfe, die ich brauchte, würde nicht einfach durch Rufen kommen. Außerdem fehlte mir die Kraft. Ich lag auf meinem Sofa, auf dem ich sonst nie schlief. Meine Haut war runzlig und fahl und mein Körper fühlte sich wie tot an. Nicht einmal mein Bein schmerzte. Es hing wie ein sinnloser Knüppel an mir. Ich verfluchte Franz. Ich wünschte ihm alle möglichen schrecklichen Krankheiten an den Hals. Dabei zuckte mein Körper und ein stechender Schmerz fuhr durch mein linkes Bein. Wie hatte mir das nur passieren können? Welche Instinkte hatten mich veranlasst, mich mit einem wie Franz einzulassen? Was stimmte nicht mit mir? Nach dem Erscheinen meines Buches hatte ich mich, wohl aus Eitelkeit, in die Rolle eines Vorbildes drängen lassen. In die Rolle eines lebenden Beweises dafür, dass Lust im Alter möglich war. Und nun? Nun lag ich hier. Ein Wrack. Gebrochen. Ich bereute alles, was ich getan hatte. Ich bereute sogar meine Begegnung mit Jochen. Damals, ganz am Anfang, hätte ich mich nicht auf die Suche nach Lust machen, sondern mir einfach einen schönen großen Flachbildfernseher kaufen sollen. Dann wäre ich jetzt vielleicht schon tot, aber alles wäre gut.

Ich tastete nach dem Boden und spürte das Parkett, das bei mir immer spiegelblank gebohnert war, mit den Fingerspitzen. Auf dem Bauch robbte ich an den Rand des Sofas und ließ das rechte Bein nach unten hängen, bis ich auch mit den Zehenspitzen den Boden berührte. Dabei merkte ich, dass ich noch immer nackt war und fror. Womöglich ist das das Ende, dachte ich. Ich wusste nicht, wie lange ich dagelegen hatte. Womöglich saß mir schon eine Lungenentzündung im Leib und würde mich dahinraffen. Wie lange würde es dauern, bis ich tot war? Ich würde es aushalten und warten. Ich würde dabei meine Lebensabrechnung machen, und sie würde bitter sein. Irgendetwas stimmte nicht mit mir. Irgendetwas, das mich immer zu den falschen Männern geführt hatte. Irgendetwas, an dem ich selber schuld war. Zumindest war ich schuld daran, nie herausgefunden zu haben, was es war. Ich hatte mein Leben nicht genutzt. Ich hatte es vergeudet. So würde es vielleicht doch noch ein quälender Tod werden.

Ich ließ mich vollends auf den Boden plumpsen, wo mich die Kälte so richtig schüttelte. Ich griff nach der Decke, die die ganze Zeit in Reichweite gelegen hatte, und hängte sie mir über den Rücken, während ich auf allen vieren zwischen dem Sofa und dem Couchtisch hindurchkroch. Als ich zum Schlafzimmer abbog, stellte ich mir vor, wie diese Bilder von mir im Fernsehen liefen. Die Wahrheit über die Sex-Oma. Ein sabberndes Wrack, das durch die eigene Wohnung kriecht wie ein halbtotes Kamel. Alle Frauen nach der Menopause, die mich so sähen, würden sofort an Selbstmord denken.

Ich träumte schlecht und erwachte schweißgebadet. Tausende Regenwürmer schienen sich über meinen Körper zu schlängeln. Ich war durstig. Ich humpelte ins Bad, weil es näher als die Küche lag. Ich stand vor dem Spiegel, lehnte mich am Waschbecken an und wollte trinken. Aus den Augenwinkeln sah ich, dass die Zeitschriften, die ich immer in der Badewanne las, von Franz' Aktion völlig durchnässt waren. Zahllose Lappen hingen zum Trocknen am Wannenrand. Mit einer Bewegung warf ich sie alle herunter.

Ein Tag für mich allein, dachte ich. Ein Tag, allein mit den Zeitschriften in der Badewanne. Ein Badewannentag – und danach wäre vielleicht alles wieder besser. Ich könnte mich in weißen Schaum hüllen wie eine Meerjungfrau und über meine Dummheit, meine Nachlässigkeit und meine mangelnde Vorsicht nachdenken. Ich könnte die Artikel und Kolumnen in der aufgeweichten Zeitschrift lesen und mir die Bilder von schönen, schlanken, glücklich aussehenden Frauen ansehen. Mir denken, dass es doch gut war, eine Frau zu sein, trotz allem. Und dass das Leben eben so war und dass es immer noch besser war als der Tod.

Ich hievte das verletzte Bein mit einiger Mühe über den Wannenrand. Endlich, es schienen hunderte Stunden vergangen zu sein, war auch das zweite Bein in der Wanne, und ich legte mich hin. Warmes Wasser sprudelte auf mich und baute Schaumberge auf.

Doch ich hatte vergessen zu trinken und war vollkommen dehydriert. Ich drehte das Wasser wieder ab. Mein Plan war, ein kühles Rinnsal aus dem Duschkopf zu schlürfen. Doch der Duschkopf steckte in seiner Halterung weit über mir. Ich überlegte, was stärker war. Meine Müdigkeit oder mein Durst. Es war der Durst. Ich richtete mich auf. Vorsicht, dachte ich. Genau auf die Art passieren die dümmsten Unfälle. Franz, du verdammtes Arschloch! Ich schaffte es. Ich holte den Duschkopf herunter, legte den Hebel um und trank etwas Wasser, das noch ziemlich warm war. Hinterher ließ ich welches über mein Gesicht, über meinen leeren Bauch und über meine Brust, in der mein Herz seltsam aufgeregt schlug, fließen.

Mein Tag der Reinigung, mein Tag der Wiedergeburt hatte begonnen, und die Zeit verging wie im Flug. Ich ließ mich die schaumgeborene Venus sein. Ich ließ es zu, wieder schön und rein und vor allem wieder wie neu zu werden. Als die Wanne voll war, lehnte ich mich mit dem Kopf an ihren kühlen Rand und nahm die verklebten Zeitschriften zur Hand.

Sie ließen sich nicht mehr an allen Stellen aufschlagen. Deshalb hatte ich bei den Artikeln keine allzu große Auswahl. Ich sah eine Frau mit weit aufgerissenem roten Mund und weißen Zähnen. Sie lachte nicht nur über das ganze Gesicht, sondern mit ihrem gesamten Körper. Mit den Händen drückte sie den Kopf eines wunderschönen Mannes mit Dreitagebart gegen ihren hübschen, nicht allzu großen Busen. Darunter standen »10 Gebote für Ihre Beziehung«.

1. Seien Sie verführerisch.
2. Seien Sie großzügig.
3. Seien Sie streng.
4. Seien Sie nicht nachtragend.
5. Kontrollieren Sie lieber zu viel als zu wenig.
6. Seien Sie mysteriös.
7. Lassen Sie ihm ein wenig Freiheit.
8. Kochen schadet nicht.
9. Lassen Sie sich von ihm im Haushalt helfen.
10. Haben Sie keine Angst vor Paartherapie.

Bei Punkt Nummer acht stand ein Hinweis auf einige Seiten mit Rezepten, die ich allerdings nicht mehr öffnen konnte. Beim Gebot Nummer zehn standen mehrere Kontakte zu Paartherapeuten. Ich dachte, dass es mir bei meinen Männern schon gereicht hätte, wenn sie sich an die zehn Gebote aus der Bibel gehalten hätten. Du sollst nicht töten. Wie hatte es mit mir und Franz nur so weit kommen können? Darauf würde ich in den Zeitschriften keine Antwort finden. Doch vielleicht erlebten all die abgebildeten Frauen mit den schönen Männern in ihrem Leben einmal etwas Ähnliches. Und wenn nicht, war das für sie womöglich nicht einmal ein Vorteil. Denn es ging in der Liebe nun einmal um kalkuliertes Wagnis. Wer jünger war, konnte noch vorsichtiger kalkulieren. Er konnte auf die Zukunft hoffen. Wer älter war, musste vor dem Fernseher oder im Seniorenheim verrecken oder das Risiko erhöhen. Und wer riskierte, konnte immer auch furchtbar enttäuscht werden.

Vielleicht hatte ich doch alles richtig gemacht. Vielleicht war ich genau auf dem richtigen Weg. Niemand hatte gesagt, dass auf diesem Weg keine Stolpersteine liegen würden, und genau genommen hatte ich es auch selbst nie geglaubt. Ich hatte immer gewusst, dass es mit einem Mann auch einmal schlecht ausgehen konnte. Ich hatte nur nicht erwartet, dass das bei einem der Fall sein würde, den ich schon so lange kannte wie Franz. Ich fand, dass ich fast schon wieder eine vorbildliche Sex-Oma war, und ich liebte Frauenzeitschriften mehr denn je.

Ab und zu ließ ich warmes Wasser nachfließen. Dazwischen döste ich vor mich hin, ganz in Träumen versunken. Ich liebe dich, dachte ich, und das Erstaunliche war, dass ich gar nicht genau wusste, an wen ich dabei eigentlich dachte. Ich liebe dich. Ich liebe dich. Es war so schön, dieses Gefühl zu haben. Vielleicht galt es nur dem Weihnachtsmann, der Fantasie eines perfekten

Mannes. Aber irgendetwas in meinem Leben musste ich verdammt richtig gemacht haben, um dieses Gefühl noch haben zu können. Ich liebe dich. Wenn ich mir dieses Gefühl bis ans Ende bewahrte, würde meine Abrechnung positiv sein und mein Tod süß und leicht. Ich liebe dich. Dieses Gefühl war das Beste, was das Leben einem Menschen schenken konnte. Alles andere war im Vergleich dazu nichts. Ich liebe dich. Ich gehöre dir und du gehörst mir, Weihnachtsmann.

13

Ich wusste nicht, wie viel Zeit vergangen war. Ein Pochen an der Tür. Ich ignorierte es. Das Leben war ein einziger Tag, und danach folgte der Schlaf als ewiger Tod. Warum sollte ich aufmachen? Das Telefon läutete. Ich meinte, mich zu erinnern, dass es seit einer Ewigkeit immer wieder geläutet hatte, aber ich war nicht sicher. Auf einmal wusste ich auch nicht mehr, ob ich wirklich Zeitschriften gelesen hatte oder ob ich nur geträumt hatte, es zu tun. Ich sah mich um. Keine Zeitungen in Sichtweite. Wahrscheinlich waren sie mir aus der Hand gefallen und lagen neben der Wanne. Oder sie lagen dort, weil ich sie nie zur Hand genommen hatte. Winterdepressionen, dachte ich. Früher hatte ich oft welche gehabt. Ich konnte mich nicht an meine früheren Winterdepressionen erinnern. Ich wusste nur noch, dass sie sich jedes Mal so anfühlten, als wären sie etwas völlig Neues und noch nie Dagewesenes.

Von der Tür hörte ich jetzt auch andere Geräusche. Einbrecher, dachte ich. Vielleicht kamen die Einbrecher aus dem Raum zwischen Himmel und Erde. Engel, wie sie manche nannten, und die holten mich, um mich dem ewigen Licht zu übergeben. Oder dem ewigen Feuer. Das war dann auch schon egal. Der Tod war ein ewiger Schlaf. Bevor sie da waren, wollte ich noch ein wenig dösen.

Jochen beugte sich über mich. Ich konnte sein Gesicht nicht richtig sehen, aber ich war sicher, dass er es war.

»Warum machst du nicht auf?«, sagte er. »Ich bekomme einen neuen Schwanz.«

Die Gestalten aus dem Raum zwischen Himmel und Erde stießen hinter ihm in ihre Trompeten.

»Um Gottes willen«, sagte Jochen. »Was ist denn mit dir passiert?«

Liebliche Putten mit goldenen Locken plusterten ihre Wangen auf.

»Wir fahren sofort ins Krankenhaus«, sagte Jochen. »Ich kenne mich dort aus. Mir passiert derselbe Fehler wie damals mit Susanne sicher nicht noch einmal.«

Es war ein großes Getöse im Himmel und auf Erden. Alle, Menschen, Tiere, Engel, Götter, Halbgötter und Gott selbst, alle jauchzten und feierten die Worte meines Erlösers, die Worte Jochens.

Ein Krankenwagen kam. Es war viel Licht und viel Freude um mich. Viel Glück war in mir. Viel Liebe. Viel Liebe zu einem unbestimmten Mann. Der unbestimmte Mann war auch in Jochen, aber er war auch in allen anderen Menschen. Er war in der gesamten Natur, er war überall.

Ich lag in einem Zweibettzimmer und meine Bettnachbarin war sehr sympathisch. Wir plauderten über alles Mögliche. Auch über Männer. Sie war im Gegensatz zu mir glücklich verheiratet. Sie hatte einen Kater zu Hause und zeigte mir Fotos von ihm. Diesen Kater mochte sie so gern, dass sie sogar einmal mit ihm telefonierte. Sie schaltete die Freisprechanlage ein, damit ich ihn miauen hören konnte.

Ich bekam gutes Essen, ein paar Infusionen und einen Operationstermin für mein Knie. Jochen versicherte mir, dass ich das beste künstliche Knie der Welt bekommen würde.

Von dem Zwischenfall mit Franz erzählte ich niemandem. Er war nicht schuld daran, dass mein Knie operiert werden musste. Ich fand, dass ich alles richtig gemacht hatte, auch in der Badewanne. Meine Mutter hätte gesagt, dass ich »Zustände« gehabt hatte. Zuständen musste ich mich hingeben, um mich von ihnen zu befreien. Das hatte ich in meinem Leben gelernt. Jetzt hatte ich die Zustände hinter mir und es konnte wieder etwas Gutes kommen. So wie immer auf eine schlechte Phase eine gute folgt und umgekehrt. Ich fragte mich, ob ich einmal in einer guten oder in einer schlechten Phase sterben würde. Ich hoffte, dass es eine gute sein würde. Der Tod ist ein großer Moment im Leben, und es war gut, wenn er günstig lag. Davor, dachte ich, will ich aber noch einiges riskieren.

Gerald brachte mir Blumen ins Krankenhaus. Julian, der kleine alte Mann, der früher so viele Frauen gehabt hatte und einen Sportwagen fuhr, kam und brachte mir ebenfalls Blumen. Die schönsten brachte natürlich Jochen. Es war wieder Winter, also stammten sie nicht aus seinem Garten. Aber er hatte auch im Blumengeschäft ein gutes Auge für Schönheit. Wir redeten auch über Susanne.

»Es geht ihr gut«, sagte er.

Meine Knieoperation verlief ohne Komplikationen. Schon ein paar Tage später war ich wieder ziemlich fit. Ich war fassungslos darüber, zu welchen Leistungen die moderne Chirurgie in der Lage war. Jochen begutachtete fast täglich meine Narbe. Sie war ein violetter Krater in der weißen schlabbrigen Haut um mein Knie. Ich hatte Zeit genug gehabt, mich Schritt um Schritt und Falte um Falte an das Altern meines Körpers zu gewöhnen, doch diese Narbe führte mir das vorläufige Endergebnis dieses Prozesses noch einmal krass vor Augen.

»Sieht das nicht hässlich aus?«, fragte ich Jochen.

»Gar nicht«, sagte er mit dem Blick eines Arztes. »Es sieht gut aus. Du bist gut im Heilen.«

»Ich hatte dich eigentlich nicht als Arzt gefragt.«

»Als Mann kann ich dir sagen, dass du wunderschön bist.«

»Als Arzt kennst du dich eigentlich nicht aus«, sagte ich. »Du bist Lungenarzt.«

»Mit Frauenbeinen habe ich mich schon immer ausgekannt«, sagte er.

Ich empfand das Wort »Frauenbeine« als echtes Kompliment. Für mich sah mein linkes Bein wie ein Monsterbein aus. Dass Jochen so etwas liebenswert finden konnte, brachte mir mehr Heilung, als es jede Rehabilitation zuwege gebracht hätte.

Zu Hause war alles entspannt und angenehm. Die Ärzte hatten mir Bewegung verordnet, und ich befasste mich mit meiner weiteren Genesung. Mit Schmerzen umzugehen, hatte ich gelernt. Gerald kaufte für mich ein, und Jochen kontrollierte die Tabletten, die ich nehmen musste. Mit beiden hatte ich dosierten, zärtlichen Sex, an dem auch meine Seele endgültig wieder genesen konnte.

Eigentlich könnte es immer so weitergehen, dachte ich. Andererseits dauerten solche Phasen nie ewig. Es waren immer Übergangsphasen. Der Wunsch nach mehr, nach Intensiverem beendete sie immer, und wahrscheinlich war das auch gut so. Mir wurde allmählich wieder klar, was das Mehr war, das ich wollte. Ich wollte einen Weihnachtsmann. Ich wollte diesen einen Kerl, der nur für mich da sein würde und ich nur für ihn. Ich wollte einen Blick in eine andere Seele werfen und dieser Seele einen Blick in meine gewähren. Ich wollte eine Liebe, die alles andere in den Schatten stellte und gleichzeitig allem anderen einen Sinn gab. Die das ganze Leben zur Nebensache machte und gleichzeitig neu erstrahlen ließ. Ich wollte um seine Treue zittern und bangen und ihn um meine zittern und bangen sehen, während wir uns gleichzeitig tief vertrauten. Ich wollte all diese Dinge tun, auf die ich so viele Jahrzehnte lang verzichtet hatte, aus Angst oder vielleicht auch, weil ich noch nicht so weit gewesen war. Ich war bereit, noch einmal jedes Risiko einzugehen, auch wenn ich mit meinem Leben dafür bezahlen würde. Ich suchte nach einer Formulierung, die ich mir abends und morgens vorsagen konnte. Jetzt, da ich so sicher war, was ich wollte, war ich auch sicher, dass mir nicht mehr viel fehlte, um es zu erreichen. Es stimmte schon, das einzige Hindernis war wahrscheinlich immer nur ich gewesen. Ich probierte ein paar Formulierungen aus, doch keine traf die Sache so richtig. Ich will den Mann fürs Leben, sagte ich schließlich zu mir, und so simpel das klang, so überraschend und neu kam es mir vor. Überraschend und neu daran war, dass ich mich bereit für ihn fühlte. Jetzt endlich fühlte ich mich wirklich bereit für die große Liebe.

Am nächsten Tag rief er an. Er hieß Karl. Er hatte eine dunkle, verführerische Stimme.

»Schön, dass ich dich erreiche«, sagte er.

»Entschuldige bitte. Es ging mir nicht so gut um Weihnachten.«

»Das hast du mir erzählt. Wir haben damals gesprochen. Erinnerst du dich?«

Ich erinnerte mich nicht. Aber vielleicht war er der Mann, der unterbewusst die Fantasie vom Weihnachtsmann in mir ausgelöst hatte.

»Ich hatte eine Knieoperation. Ist aber alles gut verlaufen.«

»Elfriede?«

»Ja?«

»Das hast du mir auch schon erzählt.«

Wie hatte ich diese Stimme vergessen können? Zuerst hatte ich meine Zustände hinter mich bringen müssen, das verstand ich ja noch. Aber danach? Wann hatte er mich angerufen? Im Krankenhaus? Ich hatte ziemlich viele Anrufe bekommen. Vielleicht hatte ich vor lauter Wollen auch übersehen, dass ich schon einen Schritt weiter war. Das Leben hatte schon versucht, mir zu geben, was ich wollte, und ich hatte es nicht bemerkt.

»Siehst du so aus, wie deine Stimme klingt?«, fragte ich.

»Wie klingt sie?«

»Was sagen gewöhnlich Frauen über deine Stimme?«

»Dass sie Sehnsüchte weckt.«

»Kannst du diese Sehnsüchte auch erfüllen?«

»Kommt es darauf an, ob ich sie erfüllen kann, oder auf die Sehnsüchte selbst?«

Vermutlich war ich nicht die erste Frau, die er nach einem Inserat kontaktierte. Dafür antwortete er viel zu gewandt. Womöglich ein professioneller Heiratsschwindler, dachte ich.

Wer riskieren will, muss intelligente Überlegungen anstellen.

»Du weißt schon, was ich meine«, sagte ich.

»Ich bin zweiundsechzig, ziemlich sportlich, und manchen Frauen gefalle ich, falls es das ist«, sagte er.

Wir vereinbarten ein Treffen für die kommende Woche, hier bei mir in der Wohnung. Ich erzählte niemandem davon. Jochen sowieso nicht und Gerald auch nicht. Wenn Karl die Tür öffnen und ich nur »nein« denken würde, dann wollte ich zumindest die Gelegenheit genutzt haben, um noch einmal eine Woche lang wie ein Teenager zu träumen.

Unruhig wartete ich auf Karls Besuch. So unruhig, dass ich entgegen meiner Gewohnheit mehrmals zum Telefon griff und ihn anrief. Wir redeten immer mindestens eine halbe Stunde lang. Seine angenehme Stimme war Balsam, Schmerzmittel,

Beruhigungsmittel und Aphrodisiakum in einem. Er war unglaublich gesprächig und machte mir Komplimente.

»Die Gespräche mit dir sind einfach toll«, sagte er.

Dabei unterhielten wir uns über nichts Besonderes. Ich schlug vor, dass er schon früher zu mir kommen solle, aber das ging nicht. Er musste aus dem Salzkammergut anreisen, und das ist ein langer Weg.

Ich fand es erschreckend, dass ich mich gar nicht mehr an Karls Schreiben, meine Antwort darauf und unsere ersten Telefonate erinnern konnte. Deshalb durchwühlte ich meine Post. Da war er, sein Brief.

Verehrte Dame,
meine Fähigkeit, Gefühle und Hoffnungen in Worte zu fassen, ist leider beschränkt. Ich bin zweiundsechzig Jahre alt, aber sehr sportlich. Ich kenne die Tücken des Lebens. Ich bin gut darin, die Dinge zu ordnen und alles in angenehme Bahnen zu lenken. Ich bin sehr sparsam, helfe gerne anderen Menschen und habe ein natürliches Verlangen nach Wärme. Ich kann Wärme geben und nehmen. Anbei finden Sie ein Bild von mir vor meinem bescheidenen Haus in der Nähe des Traunsees und meine Telefonnummer. Ich bitte Sie, mir bald ein Foto von Ihnen und Ihre Telefonnummer zu senden. Wie gesagt, ich schreibe nicht so gerne. Ich spreche lieber.
Alles Liebe
Ihr Karl Köhler

Ich küsste das Papier und drückte es gegen meine Brust wie ein verliebtes Schulmädchen. Mein Weihnachtsmann. Er hatte eine markante Nase, scharfe Augen und einen kahlrasierten Kopf. Er war nicht besonders groß, aber er hatte breite Schultern und eine gute Haltung. Seine Lippen waren voll, und sein Lächeln war, soweit ich das beurteilen konnte, unschuldig. Was ich ihm geschrieben hatte, wusste ich nicht mehr. Später, nach unserer ersten Begegnung, gab mir Karl meinen eigenen Brief zu lesen.

Lieber Karl,
ich möchte Ihnen keine falschen Hoffnungen machen. Ich hatte eher an einen jüngeren Begleiter durchs Leben gedacht. Vielleicht deshalb, weil ich nach einem arbeitsreichen Leben sehr viel nachzuholen habe und mich dazu auch in der Lage fühle. Dennoch entspreche ich Ihrem Wunsch gern und füge diesem Schreiben ein Bild von mir und meine Nummer bei. Ich freue mich auf Ihren Anruf. Und ich schlage vor, dass wir dann gleich per Du sind. Das ist auch eine Empfehlung an Sie. Die jüngeren Männer sprechen mich von Anfang an mit Du an. Nehmen Sie mich nicht zu ernst.
Ich grüße Sie sehr herzlich
Ihre und deine Elfriede

Während ich auf Karl wartete, kam ein weiterer Brief von ihm. Er duftete nach sommerlichen Nadelbäumen. Ich drückte den Umschlag an die Lippen und an die Brust. Danach liebkoste ich mich mit meinem Vibrator und dachte dabei an die Wälder des Salzkammergutes und an die Sonne, die sich im Traunsee spiegelte. Dabei war gerade wieder Ende Februar und über der Laxenburger Kleinstadtlandschaft hing eine Glocke widrigsten Wetters. Danach öffnete ich den Umschlag und las.

Liebe Mutti,
der Umstand, dass auch ich nicht mehr der Jüngste bin, macht mir überhaupt keine Sorgen. Du wirst sehen, um wie viel jün-

ger ich im Geiste bin als alle anderen Männer, denen du begegnet bist oder mit denen du eine Liebesbeziehung hattest. Du warst mir schon am Telefon sympathisch. Ich mag dich jetzt schon wirklich gern und ich werde hoffentlich lange Zeit mit dir verbunden bleiben. Ich bin wie Schneewittchen, ich kann kochen, waschen, putzen, bügeln. Vor allem kochen. Ich kann dich auch pflegen und hegen. Ich werde dich nie verlassen, nie betrügen und immer treu sein.
Dein Karl, der dich verehrt.

Liebe Mutti? Wie meinte er das? Sollte das ein Scherz sein? Wollte er mich wegen meines Hinweises auf sein Alter daran erinnern, dass ich seine Mutter sein könnte? Hatte ich ihn beleidigt, und nun wehrte er sich auf diese etwas ungeschickte Art? Ich war alarmiert, aber vermutlich machten das die Hormone mit mir. Sie ließen mich absurde Dinge vermuten. Immerhin hatte mir Karl nicht gleich im ersten Brief vulgäre Schweinereien geschickt. Er hatte nicht einmal über erotische Fantasien geschrieben. Das wertete ich als Hinweis auf Klasse. Vielleicht will ich ihn ja unbedingt zum Weihnachtsmann machen, dachte ich. Warum auch nicht. Vielleicht würde es mir ja gelingen. Ich musste daran glauben, sonst hatte es von Anfang an keinen Sinn. Ich war bereit, die Sache mit »Mutti« einfach zu vergessen, und nahm wieder den Vibrator zur Hand. Vielleicht würden bei ihm auch die Alarmglocken läuten, wenn er mich so sehen könnte, dachte ich. Obwohl – dann hätte er einfach keine Ahnung. Der Schaufelgriff war auf seine Art gut und irgendwie aufregend gewesen, aber gegen seinen elektrischen Konkurrenten aus dem Frauensexshop hatte er keine Chance.

14

Karl kam an einem Vormittag. Seine Augen leuchteten mich an, sein Lächeln betörte mich, und es war um mich geschehen. Ich war auf den ersten Blick verliebt. Alles funktionierte wie nach meiner inneren Choreografie. Mit einem Unterschied. In meiner Choreografie hatte nicht gestanden, dass ich mir vom ersten Moment an Sorgen machen würde. Ich wollte, dass diesmal alles anders wird. Es wurde auch anders. Er blieb nicht drei Stunden, auch nicht vier, er blieb gleich acht Tage. Ich brauchte ihn gar nicht dazu einzuladen. Er lud sich selbst ein. Und wir hatten in diesen acht Tagen keinen Sex. Er schlief in meinem Bett, aber ich auf dem Sofa. Er wollte es so, und von Anfang an bestimmte er, was passierte. Ich saß daneben und erfüllte die Rolle, die er mir zuwies. Die bestand vor allem im Zuhören. Karl redete unglaublich viel. Aber wenn man verliebt ist, hört man gerne zu.

Er fing damit an, meinen ganzen Haushalt in Schuss zu bringen. Er fand ihn vernachlässigt. Zuerst wusch er mein gesamtes Geschirr, trocknete es ab, polierte die Gläser und räumte alles in die Schränke zurück, nachdem er auch die zuvor gereinigt hatte. Dann nahm er sich den Rest der Küche vor und schließlich das Badezimmer und die Toilette.

»Wo ist dein Bügelbrett?«, fragte er mich, als er fertig war.

Er nahm es sich samt dem Bügeleisen und bügelte alle meine Sachen. Er tat es geduldig und aufmerksam. Schließlich unterzog er auch das Wohn- und das Schlafzimmer einem Großputz, wobei ich ihm ständig irgendwie im Weg war. Hinterher warf er einen Blick auf meinen Balkon. Meine Pflanzen müssten neu eingetopft werden, meinte er und beugte sich über das Geländer, um den Balkon unter meinem zu betrachten. Ich fürchtete schon, er würde nach unten gehen und anfangen, auch alle anderen Wohnungen im Haus zu putzen. Aber es gefiel mir sehr, wie er sich um mich kümmerte. Ich war mir sicher, dass er mich sehr gern hatte, wenn er so viel für mich tat. Er war in allem so schnell und sorgfältig. Kaum fasste er etwas an, schon glänzte es, als wäre es aus Gold.

Anfangs trug er noch die Sachen, in denen er gekommen war. Am zweiten Tag lief er nur noch in einem Unterhemd herum und beim Bügeln war er meistens völlig nackt. Er war offensichtlich stolz auf sein Aussehen. Konnte er auch sein. Er hatte schmale Hüften, breite Schultern und muskulöse Arme und Beine. Er machte den Sport, von dem er ständig erzählte, offenbar tatsächlich. Demnach machte er jeden Tag eine Stunde Krafttraining und eine Stunde Yoga und ging für eine Stunde laufen. Außerdem meditierte er mindestens eine Stunde täglich. Ein Wunder, dass er bei einem solchen Aufwand noch Zeit zum Putzen fand. Er gestand mir, dass er sich entsetzlich vor Muskelabbau fürchtete und dass er glaubte, sterben zu müssen, wenn er nicht regelmäßig Sport betrieb.

Trotzdem sah er nicht wie ein Spartaner aus. Nichts an ihm war kantig, alles wirkte rund und geschmeidig. Die Haare auf seiner Brust verrieten, warum er den Kopf lieber kahl trug. Sie waren schlohweiß. Mit solchem Haupthaar hätte man ihm seine zweiundsechzig Jahre viel stärker angesehen. Er pflegte sich und achtete unglaublich auf sein Aussehen.

Ab dem zweiten Tag redete Karl praktisch ohne Unterbrechung. Er fing in der Früh damit an und hörte bis zum Abend nicht mehr auf. Wenn ich auch etwas sagen wollte, räusperte ich mich anfangs, und als es nicht funktionierte, gab ich Handzeichen wie eine Schülerin. Auf die reagierte er nicht. Deshalb versuchte ich, ihn einfach zu unterbrechen. Vergeblich.

»Lass mich ausreden«, sagte er. »Ich bin noch nicht fertig.«

Einmal würde ich es schaffen, auch zu Wort zu kommen. Er hatte eben viel mitzuteilen. Das ist ja auch nicht so schlecht, dachte ich.

Karl erzählte mir, dass er prinzipiell nur verbilligte Ware kaufte und nie Luxusartikel, weil der Luxus von Speisen zum Beispiel nicht im Preis der Zutaten läge, sondern in der Liebe und der Aufmerksamkeit, die der Koch in die Zubereitung investiere. Das alles waren keine leeren Worte. Er kaufte für uns beide auch im Laxenburger Supermarkt ein, und obwohl er Essen für zwei kaufte, gaben wir in dieser Woche viel weniger aus, als ich normalerweise allein für mein Essen bezahlte. Und Liebe investierte er tatsächlich ins Kochen. Er machte damit alltägliche Wiener Hausmannskost wie Hühnergeschnetzeltes, Kalbsschnitzel, Rindsgulasch, Eiernockerl oder Knödel mit Ei zu fein komponierten aufregenden Spezialitäten. Derlei kochte er aber nur, wenn ich es mir ausdrücklich wünschte. Wenn es nach ihm ging, kochte er gesund. Dann gab es wenig Fleisch und viel Salat, raffinierte Suppen, Fisch und Obst als Nachspeise. Ich erfuhr von ihm, welches Gemüse welche Vitamine und Mineralien enthält und in welchem Verhältnis man die verschiedenen Gemüsesorten am besten isst.

Schon am ersten Tag demonstrierte er mir seine Kochkünste mit einem Spinatauflauf. Der war unglaublich gut, überhaupt kein Vergleich zu den Schnecken, die mir Jochens Sohn im Garten aufgetischt hatte.

»Ich will, dass du hundert Jahre alt wirst«, sagte er.

Hundert Jahre alt zu werden hieß für mich, noch achtzehn Jahre zu leben. Ich hatte in Karls ersten acht Tagen kaum Zeit, über irgendetwas ausführlicher nachzudenken, zu sehr beschäftigte und freute mich seine Gegenwart. Dennoch war ich mir nicht sicher, ob ich die achtzehn Jahre mit ihm aushalten würde.

Während er so dahinredete, erfuhr ich auch, dass er im Salzkammergut ein hübsches Haus besaß. Eigentlich waren es drei Häuser. Eines bewohnte er selbst, zwei baute er in den Wintermonaten allmählich aus, während er sie in den Sommermonaten als Ferienwohnungen anbot. Der See war zwar ein gutes Stück entfernt, doch er bot seinen Feriengästen als Draufgabe zwei uralte Militärjeeps an. Sein Hobby waren alte Autos, an denen er in seiner Freizeit arbeitete und von denen er jede Schraube kannte. Vielen war es lieber, mit dem Jeep zu einem weit entfernten Strand zu fahren, als einen näheren zu Fuß erreichen zu können.

»Später einmal kannst du bei mir wohnen«, sagte er.

»Du willst, dass ich bei dir wohne, obwohl wir nicht miteinander schlafen?«, fragte ich.

Das war der Moment, in dem er auch im direkten Gespräch anfing, mich »Mutti« zu nennen.

»Aber Mutti«, sagte er. »Das ist doch klar. Ich will, dass du bei mir wohnst, weil ich dich sehr gern habe. Ich hatte dich vom ersten Augenblick an sehr gern. Miteinander schlafen können wir auch später noch. Es kommt doch mehr auf die Liebe an als auf Geschlechtsverkehr.«

Er hatte offenbar mein erstes Buch noch nicht gelesen. Er wusste anscheinend nicht einmal, dass ich eines geschrieben hatte. Ich fragte mich, wie er auf die äußerst expliziten Sexszenen darin reagieren würde. Seine Mutti hatte so etwas vermutlich nicht getan.

Immerhin schien ihn meine Frage nachdenklich gemacht zu haben. Ich nutzte seine Redepause für weitere Fragen.

»Warum nennst du mich Mutti?«

»Ich hatte immer ein gutes Verhältnis zu meiner Mutti«, sagte er. »Du erinnerst mich an sie. Es stört dich doch nicht, oder?«

Ich verneinte, aber irritiert war ich schon. Ich hatte schon drei Söhne und keinen Bedarf an einem vierten. Außerdem glaubte ich ihm die Geschichte mit dem guten Verhältnis zu seiner Mutter nicht. Ich war nie eine besonders scharfsinnige Psychologin gewesen, aber ich hatte auch ein recht gutes Verhältnis zu meinem Vater gehabt und nannte trotzdem nicht jeden Mann, mit dem ich eine Affäre ins Auge fasste, gleich Papi.

Karl erzählte mir, dass er zwanzig Jahre lang mit einer um dreißig Jahre jüngeren Frau verheiratet, aber nicht sehr glücklich mit ihr gewesen war, weil er lieber ältere Frauen mochte. Eigentlich ginge es ihm gar nicht so sehr darum, dass sie älter waren, sondern dass er etwas für sie tun konnte. Das würde seinem Leben auf angenehme Art Sinn geben, sagte er.

»Meine Frau war mir viel zu selbstständig. Sie wollte die ganze Zeit Dinge für mich tun. Das funktionierte aber nicht, weil ja ich sie bekochen und umsorgen wollte. Es geht nicht, wenn beide Helfernaturen sind.«

Ich horchte auf. Ich hatte doch mit so vielen Männern geschlafen, weil ich ihnen helfen wollte. Es hatte mir doch immer so sehr am Herzen gelegen, die Beziehungen meiner Liebhaber zu bewahren und den Männern zu helfen, ihre Frauen besser zu verstehen. Ich war auch eine Helfernatur. Aber jetzt war ich alt, das eine Bein war am Oberschenkelhals operiert, das andere am Knie. Und das gesunde Knie funktionierte auch nicht mehr bestens. Vielleicht war es an der Zeit, mein Helfersyndrom abzulegen und mich einfach umsorgen zu lassen.

Karl wechselte das Thema. Er wollte spazieren gehen.

»Du musst dich mehr bewegen, Mutti.«

Offenbar betrachtete er die Sache mit »Mutti« als geklärt, und es schien ihm Freude zu machen, mich jetzt ungehemmt so nennen und irgendwie auch behandeln zu dürfen.

»Ein Mensch braucht mindestens drei Stunden Bewegung am Tag«, sagte er. »Und die frische Luft ist das beste Lebenselixier.«

So vergingen die Tage mit ihm. Ich gewöhnte mich ziemlich schnell an seine kauzige, dominante Art. Er hatte einen starken Willen. Das gefiel mir. Ich hatte mir schon immer einen Mann gewünscht, der in der Lage war zu bestimmen. Durch unsere vielen Spaziergänge fühlte ich mich viel fitter. Sein gesundes Essen lieferte ebenfalls einen Beitrag dazu. Es störte mich auch gar nicht mehr, dass wir weder das Bett teilten noch sonst wo miteinander schliefen. Ich mochte ihn. Ich wollte aber auch nicht zu lange warten. Jedenfalls nicht tatenlos. Warten, dieses Wort hatte einen ziemlich schalen Beigeschmack bekommen, seit eine Acht vor meinem Alter stand. Nachdem Karl wieder gefahren war, rief ich Gerald an. Der wollte nicht warten. Worauf auch? Er schlief mit mir mit allem, was dazugehört. Und mit vielen neuen Ideen.

Wir benutzten meinen Esstisch, wobei er mich vorher mit einem durchblutungsfördernden Gleitgel eingerieben hatte. Er nahm einen Plastikkochlöffel, führte ihn mir ein und rührte ein wenig um. Gleichzeitig fickte er mich in den Hintern und massierte mit der freien Hand meine Klitoris. Schließlich hob er mich hoch und trug mich ins Bad. Mit warmem Wasser wusch er seinen pulsierenden Schwanz ab. Ich saß auf dem Fliesenboden. Er steckte mir sein Ding in den Mund, während ich mich selbst zwischen den Beinen berührte. Anschließend taten wir es noch einmal auf dem Boden unter dem Waschbecken. Mein Knie machte alles mit. Mein Oberschenkelhals auch. Ich stöhnte heftig unter der Wirkung seiner liebevollen Stöße. »Ich hatte seit zwei Wochen keinen Sex«, sagte er.

Schließlich wurde ich wild. Ich konnte es nicht mehr erwarten, dass er kam. Er krallte sich in meinen Rücken und spritzte und spritzte. Sein Erguss schlug gegen meinen Muttermund und ich hatte augenblicklich einen ewig langen Höhepunkt. Es war kein Gipfel der Lust im klassischen Sinn, es war eher ein weit ausladendes Gebirgsplateau. Später beim Tee bemerkte Gerald, dass sich in meiner Wohnung etwas verändert hatte.

»Was ist mit deinem Sofa?«, fragte er.

Die Kissen lagen anders. Das war alles.

»Ich schlafe in letzter Zeit lieber hier«, sagte ich.

»Warum das?«

»Ich habe einen Mann gefunden«, sagte ich.

Erst als ich den Satz ausgesprochen hatte, merkte ich, dass er keine einleuchtende Erklärung war.

»Er hat auf dem Sofa geschlafen? Das muss Liebe sein.«

»Ich habe auf dem Sofa geschlafen.«

»Warum denn das?«

»Er ist beim ersten Treffen gleich eine Woche geblieben.«

»Was? War der Sex so gut?«

»Wir hatten gar keinen.«

»Was?«

»Ich denke, das mit Karl und mir ist etwas ganz Besonderes. Wir probieren es auf die sanfte Art.«

»Habt ihr wenigstens gekuschelt oder so?«

»Auch nicht. Kein bisschen.«

»Seltsam«, sagte Gerald.

Er war inzwischen aufgestanden und ging unruhig im Zimmer auf und ab.

»Wieso sollte das seltsam sein?«, fragte ich.

»Lass mich zusammenfassen«, sagte Gerald. »Er kommt zu dir, bleibt eine Woche, schläft nicht mit dir, tut auch sonst nichts Sexuelles, und du schläfst auf dem Sofa, während er dein Bett okkupiert. Bestimmt hat er gesagt, dass er dich liebt und dass ihr zusammenleben solltet.«

»So ungefähr. Was schließt du daraus?«

»Dass er ein impotenter Obdachloser ist.«

»Er sieht nicht impotent aus.«

»Hast du ihn schon mit einem Steifen gesehen?«

»Das nicht. Aber er wirkt sehr fit.«

»Dann ist er eben kein impotenter, sondern ein schwuler Obdachloser.«

»Er fährt ein schönes Auto.«

»Was für eines?«

»Keine Ahnung. Es ist schwarz, riecht nach Leder, und ich kann die Beine ausstrecken. Er will auch nicht zu mir ziehen, sondern er will, dass ich zu ihm ins Salzkammergut ziehe. Er sagt, dass er sich um mich kümmern will.«

»Dann ist er nicht obdachlos, sondern pervers. Ich hoffe, du denkst nicht ernsthaft darüber nach, ins Salzkammergut zu ziehen.«

»Na ja, die Landluft ist gesund und ich könnte in Ruhe schreiben. Ich wollte eigentlich immer aufs Land.«

»Du bist verrückt. Was ist, wenn er dich in den Keller sperrt und weiß der Teufel was alles mit dir aufführt?«

»Er hat meine Wohnung aufgeräumt und alles geputzt und gebügelt.«

»Was soll das beweisen?«

»Dass er es gut meint.«

»Jetzt wissen wir wenigstens, dass die Hormone auch einer Zweiundachtzigjährigen noch das Hirn vernebeln können. Denk mal nach, Elfriede. Ein Kerl kommt zum ersten Date, bleibt eine Woche, putzt alles und räumt auf, will keinen Sex und redet vom Zusammenziehen. Hallo? Männer mögen irre sein, aber so irre ist nicht normal. Ich bleibe dabei. Der Kerl ist pervers. Oder er führt irgendetwas im Schilde.«

»Vielleicht bist du auch pervers«, sagte ich. »Immerhin schläfst du mit einer Zweiundachtzigjährigen. Findest du das normal?«

»Ich bin glücklich verheiratet und tue es nur manchmal zur Abwechslung.«

»Herzlichen Dank«, sagte ich.

»Ich habe das nicht böse gemeint«, sagte Gerald. »Denk nach, Elfriede. Hat er auch schon über Hochzeit geredet?«

»Hat er. Es hat aber nicht besonders ernst geklungen.«

Das stimmte. Er hatte einmal drei oder vier Stunden lang über die Ehe gesprochen, und zwar vor allem über ihre wirtschaftlichen Vorteile.

»Ich wäre an deiner Stelle vorsichtig«, sagte Gerald.

»Ich weiß schon, was ich tue. Ich suche eben einen Mann, der zu mir steht. Keinen wie dich. Du bist verheiratet.«

Ich war etwas zickig geworden. Vielleicht lag es daran, dass ich ihn verstand. Karls Auftritt war einfach zu schrullig gewesen. Schrullig war noch eine ziemlich freundliche Bezeichnung dafür. Ich verstand, wie Gerald zu seiner Einschätzung kam. Doch die Wahrheit war, dass mir Karl fehlte. Sein Essen, dass er ständig da war, seine verrückte Art, seine Dominanz. Mit Gerald war ich letztendlich allein. Mit Karl nicht. Und bei näherer Betrachtung hatten alle Beziehungen Seiten, für die schrullig noch die freundlichste Bezeichnung war.

»Ich mache mir Sorgen, dass dir etwas passiert«, sagte Gerald. »Du weißt schon, dass du gefährlich lebst. Du lässt in deinem

Lebenshunger Menschen so schnell an dich heran. Bei einem wie Karl solltest du doppelt vorsichtig sein.«

»Du bist eifersüchtig, Gerald«, sagte ich.

»Bin ich nicht«, antwortete er sofort. »Anscheinend hat er dich schon um den Finger gewickelt. Du hast ja mit deinem Buch gut verdient. Vielleicht ist der Kerl einfach ein Heiratsschwindler.«

»Jetzt reicht es aber langsam.«

Ich machte mir Sorgen, dass Gerald im Bösen gehen würde. Vielleicht hatte er ja auch ein bisschen recht. Ich lenkte ein.

»Beruhige dich bitte«, sagte ich. »Ich passe ja auf.«

»Weiß er von deinem Buch?«

»Ich glaube nicht.«

»Frag ihn doch einfach.«

»Das wollte ich schon die ganze Zeit.«

»Warum hast du es nicht getan?«

»Weil er so viel redet.«

»Er wird mir immer sympathischer.«

Gerald zog die Tür etwas zu heftig hinter sich zu. Ich war traurig, als er weg war. Er fuhr jetzt irgendwo da draußen durch die eisige Landschaft nach Wien. Laxenburg, meine Heimat seit so vielen Jahren, erschien mir immer kleiner und kleiner. Die Stadt schrumpfte um mich zusammen, bis sie wie eine Blase mein Haus umschloss, bis sie winzig klein wie meine Wohnung war, bis sie sich wie ein Gefängnis anfühlte, in dem ich allein war, wie eine Zwangsjacke. Da klopfte es. Gerald war zurück. Gott sei Dank.

»Es tut mir leid, dass ich so schroff war«, sagte er in der Tür.

Ich verzieh ihm und versprach, aufmerksam zu sein und auf mich aufzupassen.

»Werden wir uns weiterhin treffen?«, fragte er. »Wenn er wirklich deine wahre Liebe ist, dann wohl eher nicht, oder?«

»Wir müssen uns unbedingt weiterhin treffen«, sagte ich. »Vielleicht werden wir nicht mehr ganz so oft miteinander schlafen.« Ich dachte nach. »Oder gar nicht vielleicht.«

Wir standen uns gegenüber und starrten uns an. Dann umarmten wir uns.

»Es ist schön mit dir«, sagte Gerald.

»Mit dir ja auch«, sagte ich.

Alle meine schönen Erlebnisse mit Gerald schossen mir durch den Kopf. Mit ihm im Wald. Im teuersten Lokal von Laxenburg. Am Nacktbadestrand. Im Schwimmbecken. In der Badewanne. An der Donau. Im Kino waren wir auch gewesen. Unter dem Sternenhimmel. Mit Gerald im Sonnenschein. Die Sonne war schon immer eine Spur heller gewesen, wenn er in der Nähe gewesen war. Die Wolken waren weißer. Die Sterne auch. Mit Gerald im Tiergarten. Zuckerwatte. Vielleicht war ich gerade dabei, das größte Glück, das mir in diesem Leben noch beschieden war, für eine unausgegorene Weihnachtsmannfantasie kaputtzumachen. Gerald löste sich vor mir aus der Umarmung.

Ich hätte auf der Stelle noch einmal mit ihm geschlafen. Zum Abschied irgendwie. Doch nun ging er endgültig, und es fühlte sich jetzt noch viel bitterer an als vorhin, als er so verärgert gewesen war. Sollte es ab jetzt wirklich nur noch Karl geben? Sollte er meine späte Forschungsreise ins Land der Lust beenden? Was gab er mir dafür? Das Ende meiner Einsamkeit? Wollte ich das überhaupt? Gehörte Einsamkeit nicht zu mir als unaufhörliche Triebfeder für neue Begegnungen, für die Entdeckung des Lebens? War nicht jeder Versuch, sie durch sogenannte feste Beziehungen zu betäuben, eine Sünde an mir selbst?

Ich fragte mich, wie ich Karl treu verbunden sein und dennoch mit Gerald schlafen könnte. Und mit Jochen. Ich habe schon so viel geschafft, also schaffe ich vielleicht auch diesen

Spagat, dachte ich. Oder würde ich damit nur das Beste kaputtmachen, was mir dieses Leben noch bieten wollte – einen Mann, der nur für mich da war und für den ich allein da sein konnte? Litt ich einfach nur an Beziehungsängsten, die Gerald schürte, aus Angst, mich zu verlieren? Ich fasste einen Entschluss. Im Zweifel für die Freiheit. Mein Leben war schön. Doch ich hatte schon lange genug gelebt, um zu wissen, dass solche Entschlüsse selten dem Fluss des Lebens und der Liebe standhielten.

15

Einen Tag bevor Karl wiederkommen wollte, stand Jochen vor der Tür. Ich ärgerte mich, weil er schon wieder unangemeldet kam. Er grinste.

»Ich muss dir meinen neuen Schwanz zeigen«, sagte er. »Wir haben uns so lang nicht gesehen.«

»Na dann, pack aus«, sagte ich.

»Darf ich vorher den Mantel ablegen?«, fragte er.

Jetzt grinste ich.

»Nein«, sagte ich.

In der einen Hand noch den Blumenstrauß für mich, den er vor Aufregung offenbar vergessen hatte, knöpfte er seinen Mantel auf, öffnete seine Hose und holte seinen Schwanz heraus, der schon steif war. Er war nicht mehr gebogen wie ein Horn, sondern fast so gerade wie ein Lineal.

»Er ist mir fast ein bisschen zu gerade«, sagte Jochen. »Er kommt mir vor, als wäre er gar nicht mehr mein Schwanz. Es kommt mir vor, als wäre er deiner. Nur für dich habe ich ihn operieren lassen.«

Damals, als ich als Mädchen noch von den großen Gefühlen geträumt hatte, hatte ich mir die Liebesbeweise meiner Verehrer anders vorgestellt. Aber ich wollte nicht kleinlich sein. Man nahm, was man bekam. Ich fasste Jochens Schwanz an. Ich hatte seine Krümmung gar nicht so schrecklich gefunden. Doch Jochen war viel entspannter als sonst immer. Kein Wunder. Es musste ziemlich anstrengend sein, einen Penis, für den er sich schämte, beim Sex zu verstecken.

Ich konnte Jochens runderneuertes Teil jetzt unbehindert in den Mund nehmen. Er zappelte nicht herum. Er fühlte sich gut, und das war auch für mich schön und angenehm. Sein neues Selbstbewusstsein machte ihn aber weder vulgär noch brutal. Er war wie ein Kind mit diesem bunten Strauß in der Hand. Ich atmete den Blumenduft ein, während ich seinen Schwanz lutschte. Bei anderen Frauen meines Jahrganges liegen solche Blumen höchstens noch auf dem Grabstein, dachte ich, und auf einmal überkam mich ein richtiges Hochgefühl. Irgendwie hatte ich dem Schicksal ein Schnippchen geschlagen.

Jochen zog mich aus und wir gingen ins Bett. Ich musste an Karl denken. Jochen waren die Veränderungen in meiner Wohnung nicht aufgefallen, er war zu sehr mit denen seines Unterleibs beschäftigt.

Im Bett leckte er mich. Ich hatte ihm verboten, sich auch selbst auszuziehen. Manchmal war es eben so, dass mich eine eigenartige Fantasie packte, und wenn ich nicht gerade eine Kurzgeschichte schreiben wollte, dann bestand ich darauf, ein bisschen was davon zu verwirklichen. Ich wollte mich ganz hingegeben fühlen. Wenn ich nackt war und er noch alle Kleidungsschichten trug, die der kalte Februar verlangte, gehörte ich mehr ihm als sonst.

Als wir miteinander schliefen, wurde mir klar, dass ein verbogener Schwanz auch seine Vorteile hat. Früher musste Jochen fast nichts tun, um sich in mir interessant und ungewohnt zu bewegen. Er hatte mich viel mehr ausgefüllt und mich an Stellen massiert, die kein anderer erreicht hätte. Jetzt musste er sich mehr anstrengen. Aber es fiel ihm leicht. Er war wie neugeboren, und das freute mich.

Als meine Erregung langsam stieg, zog sich Jochen mit einer schnellen Bewegung doch noch alle Oberteile auf einmal aus. Er wollte meine Wärme. Er drückte sich an mich und wir waren beide glückselig. Danach erzählte ich ihm von Karl. Jochen war außer sich.

»Jetzt, wo ich so viel für dich gemacht habe, jetzt willst du mir sagen, dass du einen anderen hast?«

Ich redete herum, dass wir ja weitermachen könnten wie bisher, zumindest solange ich noch in Laxenburg wohnen würde.

»Was? Zu ihm ziehen willst du auch noch? Will er dich nach der einen Woche schon heiraten?«

»Vielleicht«, sagte ich.

»Der Mann ist ganz bestimmt ein Betrüger. Der will dir nichts Gutes. Und du hättest es mir sagen können, dass du jetzt auch mit der großen Liebe deines Lebens schläfst.«

»Wer weiß, ob ich dann als erste Frau der Welt deinen neuen Schwanz hätte testen dürfen. Außerdem habe ich noch nicht mit Karl geschlafen.«

Er atmete tief durch.

»Nein?«

»Nein.«

Einen Augenblick lang schien er erleichtert zu sein, dann zeigte er sich ebenso entsetzt wie Gerald.

»Es ist ein Betrüger«, sagte er. »Das schwöre ich dir.«

Ich hatte weder Gerald noch Jochen von Karls Tick, mich Mutti zu nennen, erzählt. Genau dieser Tick machte mich sicher, dass Karl kein Betrüger war. Er war nur einfach irgendwie anders. Ich hatte ein Gefühl für ihn. Ein bisschen verstand ich ihn, ohne dass ich sein Wesen mit Worten hätte beschreiben können.

Jochen beruhigte sich. Statt weiter zu schimpfen, schmeichelte er mir lieber. Er machte komische Versuche, mich davon zu überzeugen, dass er der Beste und Schönste für mich sei. Fast glaubte ich ihm.

»Dass er dich nach einer Woche heiraten will, verstehe ich eigentlich vollkommen«, sagte er. »Mir ginge es genauso, wenn, du weißt schon, wenn ich nicht verheiratet wäre. Ich verstehe aber nicht, warum er auf deinen wundervollen Körper verzichtet. Ich wollte keine Sekunde lang darauf verzichten. Und was bietet er dir, das ich dir nicht auch bieten kann? Besonders jetzt, nach meiner Operation. Das Salzkammergut? Ehrlich gesagt kann ich mir nicht vorstellen, dass du dort glücklich wirst.«

Und so weiter. Er schüttete mir seine Seele aus. Alles, was er sagte, war mit Sicherheit wahr. Aber es gab da noch andere wahre Dinge, die er nicht aussprach. Er redete nur über die helle Seite der Wahrheit. Aber darauf achtete ich in dem Moment nicht. Bald war ich so weit. Vielleicht war ich zu sprunghaft, doch Jochen hatte mich überzeugt. Ich war weich geworden. Nichts anderes zählte in diesem Moment als Jochen. Ich wollte seinen Schwanz loben, auf den er so stolz war, und ihm in allem recht geben. Ich wollte seine schönen Augen, seinen schönen Garten und seine wundervollen Orchideen loben. Ich wollte ihm sagen, dass in Wahrheit er der Mann meines Lebens war und alles andere keine Rolle spielte und nie eine gespielt hatte. Doch da sagte Jochen den Liebestötersatz aller Liebestötersätze.

»Und wegen meiner Frau. Wir müssen Geduld haben.«

Dabei versuchte er, mir tief in die Augen zu sehen.

Ich wich seinem Blick aus. Ich wollte mich beruhigen, ehe ich antwortete. Da brach meine Antwort schon ganz von selbst aus mir heraus.

»Du bist ein Schwein«, sagte ich. »Dein verdammter Schwanz hat mir im verkrüppelten Zustand viel mehr Spaß gemacht. Das Essen in deinem Garten war ekelhaft. Ich verabscheue

Weinbergschnecken. Deine Blumen kannst du dir sonst wohin schieben. Und deine Frau ist mir um ein Vielfaches sympathischer als du. Es ist ein Jammer, dass die Parasiten sie befallen haben und nicht dich. Mit dir und mit deinen Komplexen hätten sie sich mit Sicherheit viel besser angefreundet.«

Und so weiter. All die Beschimpfungen entsprachen auch der Wahrheit. Aber wenn Jochen die helle Seite der Wahrheit ausgesprochen hatte, schrie ich ihm nun die dunkle Seite entgegen. Jochen zog sich hastig an und verschwand, die Tür heftig hinter sich zuschlagend.

16

Karl blieb diesmal nicht eine Woche, sondern gleich zwei. Er brachte Bilder von seinen Häusern in der Nähe des Traunsees mit. Er erzählte mir, dass er beruflich schon sehr früh im Tourismus tätig gewesen war und zahlreiche Erfahrungen mit dem Vermieten von Ferienwohnungen hatte. So war er zu dem Entschluss gekommen, selbst in diesen Bereich zu investieren. Er baute verlassene Häuser um und verkaufte oder vermietete sie weiter.

Ich solle aber nicht für Ferien kommen, sagte er, sondern wenn, dann gleich für immer.

»Ansehen darf ich es mir vorher aber schon noch, das Haus«, sagte ich.

Sein Drängen schmeichelte mir. Bei anderen Frauen meines Jahrgangs ging es nur noch darum, welches Enkelkind sie am Wochenende im Altenheim besuchen würde, und meistens kam dann gar keines.

Die Häuser auf den Fotos sahen nach Baustellen aus. Bei beiden stand Karl selbst davor, als wolle er beweisen, dass sie auch wirklich ihm gehörten. Anscheinend war er ziemlich stolz auf die Früchte seiner Arbeit.

Er erzählte mir, wie er zu den Häusern gekommen war. Ich ahnte, dass die Erzählung kein Ende nehmen und er mühelos von einem Thema zum nächsten gleiten würde. Ich wollte seinen Redefluss unterbrechen, um ihm, Geralds Rat folgend, auch einmal eine Frage zu stellen. Es war nicht einfach. Ich musste sehr laut werden. Wenn Karl einmal sprach, dann war er wie ein Gewitter. Er hörte erst zu donnern auf, wenn er seine Energie abgebaut hatte und einschlief.

»Karl!«, rief ich und lachte über seine Gesprächigkeit. »Weißt du eigentlich, dass ich ein Buch geschrieben habe?«

Er wusste es nicht.

Ich legte das Buch vor ihn auf den Tisch.

»Ich werde es gleich lesen«, sagte er.

»Erschrick bitte nicht«, sagte ich. »Es steht mehr über mich darin, als ich dir bisher erzählt habe.«

»Du bist in einem Buch ehrlicher als zu deinen Freunden?«

Ich zuckte mit den Schultern.

»Manchmal muss ich mir alles von der Seele schreiben. Es beruhigt mich. Es befreit mich. Es reinigt mich.«

»Dann hast du eine Art Tagebuch veröffentlicht?«

»Ich habe über mich geschrieben.«

Wenn er mein Buch nicht kannte, waren zwei Dinge sicher: Er war nicht hinter meinen Tantiemen her. Und er war kein Perverser, der sich durch die expliziten Sexszenen angezogen gefühlt hatte wie Johannes im Seniorenheim. Er hielt mich offenbar für eine ganz normale Rentnerin. War ich ja auch. Ich war eine ganz normale Rentnerin, die noch immer oder jetzt erst recht die Liebe suchte.

»Etwas noch, Karl«, sagte ich. »Hast du irgendwas mit mir vor, das mir nicht gefallen könnte?«

Meine Frage verstörte ihn überhaupt nicht. Er reagierte, als hätte ich ihn gefragt, was wir zu Mittag essen würden.

»Ach Mutti«, sagte er. »Ich habe mich einfach in dich verliebt. Ich hoffe, dass dich das freut. Mich freut es sehr. Ich habe endlich wieder jemanden, für den ich da sein kann. Dass du

Bücher schreibst, beeindruckt mich. Ich könnte so etwas nicht. Wie du bestimmt bemerkt hast, rede ich sehr gern. Ich lese dein Buch aber gern, wenn ich wieder ein paar Tage allein bin, auf dem Land, an der frischen Luft. Dort wäre ich am liebsten mit dir. Für immer. Und ich werde dir heute etwas Leckeres kochen. Risotto mit viel Gemüse. Danach gehen wir spazieren, für die Verdauung.«

Wenn ich ihn nicht unterbrochen hätte, wäre aus alldem wahrscheinlich nichts geworden, weil er nur immer weiter und weiter geredet hätte.

»Willst du nicht lieber mit mir schlafen?«, fragte ich schnell.

Ich genoss die Stille, die nun entstand.

»Das kann warten. Ich habe doch schon gesagt, dass wahre Liebe so etwas nicht vonnöten hat.«

»Das fand ich auch. Bis ich einmal richtig guten Sex hatte.«

»Dann kannst du mir ja einmal zeigen, wie man richtig guten Sex hat. Aber dränge mich bitte nicht. Ich werde bestimmt einmal bereit sein. Einmal, wenn wir gemeinsam auf dem Land wohnen und du dein Plätzchen bei mir hast. Ich richte zwei Zimmer für dich ein, ein Wohn- und ein Schlafzimmer, damit du dich weiter frei fühlst. Du kannst auch ein bisschen Miete zahlen, wenn du willst. Einkaufen und kochen können wir gemeinsam, damit sparen wir Geld.«

Egal, ob Karl einen Tick hatte oder nicht, er war und blieb der erste Mann seit langer Zeit, der mich ganz für sich allein wollte. Das freute mich so sehr, dass ich bereit war, über alles andere hinwegzusehen.

»Deine Balkonpflanzen brauchen frische Erde.«

Mit diesen Worten weckte mich Karl an einem sonnigen Märzmorgen. Ich rieb mir die Augen. Er stellte mir eine Tasse

Kaffee, ein Stück Karottenkuchen und einen aufgeschnittenen Apfel ans Sofa. Er schlief noch immer allein in meinem Bett.

»Ich habe eine Idee, wo wir die Erde besorgen können«, rief er aus der Küche, wo er mit den Töpfen und dem Geschirr vom Vortag hantierte.

Ich setzte mich auf, nahm einen Schluck Kaffee und kostete den Kuchen. Es war jeden Morgen, jeden Mittag und jeden Abend berauschend, in welchem Überfluss ich mit diesem Mann leben konnte. Nur die Nächte ließen zu wünschen übrig.

»Erde gibt es im Gartenmarkt«, sagte ich.

Ich musste an Jochen denken. Ich hatte seit unserem Streit nichts mehr von ihm gehört. Es war mir gar nicht richtig aufgefallen. Vielleicht hatte er schon auf ein neues Inserat einer anderen Frau geantwortet. Vielleicht saß er auch daheim und wollte nur meinen Groll vergehen lassen, um sich wieder zu melden.

»Ich habe eine andere Idee«, sagte Karl. »Man soll nie für etwas Geld ausgeben, das man auch gratis bekommen kann.«

Am Abend fuhren wir mit meinem kleinen Ford an den Stadtrand von Laxenburg. Mein altes silbernes Auto erschien Karl für Erdtransporte passender als seine gepflegte Limousine mit den beigefarbenen Ledersitzen, die so gar nicht zu seiner Sparsamkeit zu passen schien. Wir bogen auf eine Schotterstraße ab, die ein Stück an der Autobahn entlang und dann durch eine Unterführung in Richtung eines Waldes führte. Es dämmerte schon. Links von uns erstreckten sich Felder, rechts spannte sich ein Maschendrahtzaun zwischen eisernen Pfählen. Dahinter sah ich im fahlen Licht etwas wie einen Hügel. Es war ein Erdhaufen. Neben dem Erdhaufen waren Bretter und Balken gestapelt. Weiter hinten lagen Betonplatten oder etwas Ähnliches herum. Wahrscheinlich handelte es sich um einen Lagerplatz von einem Baumarkt oder einer Gärtnerei.

»Was hast du vor?«, fragte ich Karl.

Unwillkürlich musste ich kichern.

Er packte schon einen schwarzen Plastiksack und eine kleine Schaufel aus. Beides hatte er vor unserer Abfahrt im Kofferraum verstaut.

»Ich hole dir Erde«, sagte er. »Morgen topfen wir deine Pflanzen um, dann werden sie blühen und gedeihen. Das da ist mit Sicherheit die beste Erde von ganz Laxenburg.«

Flink und wendig wie ein Meisterdieb schwang er sich über den Zaun, indem er einen der Pfähle als Stütze benutzte.

»Dürfen wir das?«, fragte ich.

»Ach Mutti. Du bist ja wie meine Omama.«

»Du bist verrückt.«

»Wie alt bist du?«

»Zweiundachtzig.«

»Gut, dann fühl dich heute einmal wie sechzehn.«

Er verschwand in der Dämmerung. Aufgeregt stand ich da, bereit, die Ahnungslose zu spielen, wenn irgendjemand kommen würde.

Nach einer Weile taten mir die Beine vom Stehen schon ein bisschen weh. Da kam er mit dem vollen Sack angestapft und warf ihn über den Zaun. Gleich danach schwang er sich selbst wieder herüber. Wie schön, so einen gesunden und sportlichen Mann zu haben, der gleichzeitig so erfahren war. Wie ein alter Kater, der die Mäuse auch in den verstecktesten Winkeln fand und fing.

Ich wollte mit ihm zusammenbleiben. Ich fühlte mich selbst viel jünger an seiner Seite. Das war ein Geschenk. Dabei war er selbst nicht mehr grün hinter den Ohren. Doch ich hatte es schon immer besser gefunden, wenn sich ein älterer Mann wie ein Schuljunge aufführte, als wenn sich ein junger Mann gesetzt wie ein Senior benahm. Karl zeigte mir stolz seine Hände. Sie waren zerkratzt vom Zaun und voller Erde. Er war ein Held.

»Da haben wir heute wieder viel Geld gespart«, sagte er.

»Ist das so wichtig?«

»So bin ich eben.«

Daheim topfte er noch am selben Abend meine Pflanzen um. Hinterher kochte er eine Suppe aus dem Bärlauch, den er auf dem Heimweg am Waldrand gesammelt hatte. Nach dem anstrengenden Ausflug schmeckte sie ganz besonders gut. Als ich später am Abend auf meinem Sofa lag und das Licht schon ausgeschaltet war, fragte ich mich, wie es wäre, wenn es in meinem Leben von nun an wieder keinen Sex mehr gäbe. Das wäre nichts für mich, dachte ich. Ich dachte an Gerald, aber ich hatte eigentlich keine Lust, ihn bald zu sehen.

Wenn Karl wieder im Salzkammergut wäre, sollte ich die Zeit lieber nutzen, um mich an meine Erlebnisse mit Gerald zu erinnern, anstatt ihn anzurufen, um ihn körperlich zu erleben. Ich hatte ein schlechtes Gewissen, dass ich Gerald sitzengelassen hatte. Aber nur ein bisschen.

Als ich am Morgen erwachte, war ich dermaßen verliebt in Karl, dass ich nicht länger bangen und hoffen wollte.

Ich tappte in mein Schlafzimmer, schlich mich von hinten an ihn heran, umarmte ihn und küsste ihn ganz leicht auf den Hals. Ich hatte immer schon einmal seinen kahlgeschorenen Kopf berühren wollen. Doch mein neuer Mitbewohner drückte mich von sich.

»Aber Mutti«, sagte er. »Was tust du denn da?«

Ich hielt das für einen schlechten Scherz.

»Ich bin nicht deine Mutti, sondern eine Frau. Als Frau habe ich so meine Wünsche und Sehnsüchte.«

Körperliche Zuneigung lässt sich nicht erzwingen. Das hätte ich wissen müssen. Wir stritten. Heftig. Böse Worte und auch ein paar Dinge flogen durch die Wohnung. Ich warf mit einer Tomate nach ihm.

»Du kannst dein blödes gesundes Aktionsgemüse wieder ins Salzkammergut mitnehmen«, schrie ich. »Ich kann es hier genauso wenig brauchen wie so ein blödes Plappermaul wie dich.«

Ich hatte gehofft, dass die Tomate an ihm zerklatschen würde, doch sie erwies sich als fest wie ein Tennisball. Außerdem hatte ich nicht mehr viel Kraft im Wurfarm.

»Dein Training solltest du auch mal grundlegend überdenken«, schrie ich. »Du trainierst ganz eindeutig an den falschen Körperstellen.«

Karl war ganz rot im Gesicht. Vermutlich, weil sich durch meine Wut sein eigener Redeschwall in ihm aufstaute.

»Versuch es mal mit deinem Schwanz statt mit Biokrautsalat und deinem blöden Mutti-Getue. Wie du auch in meinem Buch nachlesen kannst, habe ich in letzter Zeit jede Menge Männer gehabt, und sie fanden mich alle schön genug. Wenn du mich hässlich findest oder impotent bist, dann sag es mir lieber gleich. Dann kannst du gehen. Ich brauche keinen Krankenpfleger. Ich brauche einen Mann.«

Das war Karl nun doch zu viel. Er hatte angefangen, in einer Schale Obst für unser Frühstück zu schneiden, offenbar um sich zu beruhigen. Jetzt schüttete er mir den Inhalt der Schüssel über den Kopf. Wortlos, was bei ihm wirklich ein Wunder war. Ich staunte. Dann trommelte ich mit den Fäusten gegen seine Brust.

»Ich bringe dich um«, zischte Karl.

»Na los«, schrie ich, »wenn du Eier hast, dann tu es.«

Er biss die Zähne zusammen und holte dabei Luft. Es hörte sich wie ein Staubsauger mit einem verstopften Rohr an. Er kniff die Augen zusammen, nahm eine Banane und schleuderte sie aus der Küche durch das Wohnzimmer bis an die Schlafzimmertür. Dann ging es los. Er kreiste wie ein wildes Tier durch meine Wohnung und beschimpfte mich in einer endlosen Litanei, bis er ganz erschöpft war und sich an den Bettrand setzte.

»Ich liebe dich doch«, sagte er. »Siehst du das nicht? Ich wäre sonst nicht die ganze Zeit hier. Lass mir ein bisschen Zeit. Ich habe nicht so viel Erfahrung im Bett. Ich brauche nur noch ein paar Wochen. Oder vielleicht auch nur ein paar Tage.«

Ich setzte mich neben ihn und entschuldigte mich für die vielen Beleidigungen, die ich ihm an den Kopf geworfen hatte.

»Es ist in Ordnung, wenn du Zeit brauchst«, sagte ich. »Ich habe Zeit. Ich habe dich auch sehr gern, und ich werde warten, bis du bereit bist. Wir müssen nichts übereilen.«

»Was man langsam angeht, hält hinterher länger«, sagte er.

Ich pflichtete ihm bei.

In der Tat war ich in meinem ganze Leben nie etwas langsam angegangen. Meinen ersten Ehemann nahm ich, aus der Distanz von sechs Jahrzehnten betrachtet, weil ich aus dem Haus wollte und er sich gerade anbot. Meinen zweiten Mann nahm ich aus ähnlichen Gründen. Nach meiner gescheiterten ersten Ehe kam ich durch ihn ein zweites Mal von meinen Eltern weg. Ich hatte nie gezögert, nie gewartet, meine Gefühle nie genug überprüft. Vielleicht war genau das der Fehler gewesen. Beide Ehen waren schrecklich gewesen.

Wir saßen nebeneinander auf dem Balkon und ich betrachtete meine frisch eingetopften Geranien.

»Sie sehen gut aus, findest du nicht?«, fragte Karl. Er betonte noch einmal, dass die Erde nichts gekostet hatte. »Meinen Kachelofen heize ich nur mit Holz, das ich selbst gesammelt habe. Willst du wissen, wie viel ich allein dadurch pro Jahr an Kosten spare?«

»Du redest immer von Geld«, sagte ich.

Ich sah, wie er einatmete, um ein Referat über die Sparsamkeit zu halten, und unterbrach ihn.

»Ich habe etwas geschrieben für dich, weil du mir immer so hilfst.«

Er schien sich zu freuen.

»Ich mochte es schon als kleines Kind immer, wenn mir meine Mutter etwas vorgelesen hat«, sagte er. »Als sie dann meinen Stiefvater kennenlernte, hat sie leider damit aufgehört.«

Der kleine Karli war von seiner Mutti offenbar im Stich gelassen worden. Zum ersten Mal hörte ich solche Töne von ihm.

»Ihr habt euch dann nicht mehr so gut verstanden?«, fragte ich.

»Ich liebte sie sehr, meine Mutti«, sagte er, und er sprach es so aus, dass ich mir nicht ganz sicher war, ob er mit dem »meine Mutti« nicht vielleicht mich meinte.

Ich sah ihm in die Augen. Sie schienen feucht zu sein. Und in einem Auge schien sich in den Wimpern schon eine Träne verfangen zu haben.

Ich war nicht sicher, ob er in der Stimmung war, mehr über seine Kindheit zu erzählen. Trotzdem versuchte ich es vorsichtig. Ich wollte, wenn er doch sonst so redselig war, einmal etwas wirklich Interessantes über ihn erfahren.

»Was hat sie dir vorgelesen, damals, als du ganz klein warst?«

Ganz im Gegensatz zu seinen sonstigen Gewohnheiten antwortete er knapp.

»Gar nichts.«

»Ich dachte ...«

»Ich habe es erfunden.«

»Habt ihr euch doch nicht so gut verstanden? Schon von Anfang an?«

Er schwieg. Ich dachte schon, zu weit gegangen zu sein. Dann antwortete er doch noch.

»Sie wollte mich von meiner Geburt an nicht. Ich bin bei zwei Großtanten aufgewachsen. Eigentlich war nur eine der beiden meine Großtante, die andere war ihre Freundin. Es waren alte Jungfern. Sie haben beide nie geheiratet.«

Der kleine Karli in den Klauen von zwei alten Schachteln, vielleicht von zwei alten Lesbierinnen! Er hat es ganz offensichtlich schwer in der Kindheit gehabt, dachte ich. Ich verstand ihn jetzt besser. Aber ich hielt ihn deshalb ganz sicher nicht für einen hoffnungslosen Fall. Im Gegenteil freute ich mich, dass ich Nahrung für meine Hilfsbereitschaft gefunden hatte. Angeblich suchten die meisten Männer in den Frauen ihre Mütter. Bei Männern, die auf ältere Frauen wie mich standen, traf das wohl besonders häufig zu.

Es war Zufall, dass sich das Gedicht, das ich ihm geschrieben hatte, mit genau diesem Thema befasste. Ich wusste nicht, ob es ein angenehmer oder ein unangenehmer Zufall war. Ich wartete noch. Karl weinte ein bisschen.

»Lies jetzt«, sagte er schließlich.

Er war zurück bei seinem gewohnten Ton. Es klang wie ein Befehl. Ich gehorchte mit unsicherer Stimme.

Die Kräfte verließen mich
und alle stießen mich herum wie eine Ratte.
Es kam ein Mann, ein Vater eher als ein Gatte,
der rettete mich,
der bettete mich auf den Blättern des Waldes.
Im Herzen wallte es, es knallte.

Ich krallte mich an dich wie eine Katze
bei Hungersnot, bei Todesangst.
Und doch warst weder du noch war ich das Futter.
Ich mache, was du auch verlangst.
Du bist mein Vater.
Und ich bin deine Mutter.

Wir schwiegen lang. Dann strich er mir zum ersten Mal durchs Haar. Das war viel. Es war seine erste Zärtlichkeit.

17

Karl musste wegen seiner Häuser regelmäßig nach Hause ins Salzkammergut fahren. Einmal nahm er dabei mein Buch mit. Schon nach wenigen Seiten rief er mich an und schimpfte.

»So bist du doch gar nicht«, sagte er. »Nicht für mich. Und denkst du gar nicht an deine Gesundheit?«

Ich lachte, aber er fand das gar nicht lustig. Ich musste ihm versichern, dass das eine oder andere pornografische Detail übertrieben war. Einigermaßen beruhigt legte er auf, doch bald darauf läutete das Telefon schon wieder.

»Warst du mit all diesen Männern wirklich im Bett?«, fragte er. »Und wie viele davon besuchen dich noch immer? Ich kann das nicht dulden. Ich verbiete es dir.«

»Ich werde mit keinen anderen Männern mehr schlafen«, sagte ich.

»Stimmt das auch?«

»Ich verspreche es dir.«

»Und du willst es auch nicht?«

»Nein.«

»Gut«, sagte er. »Ich lese jetzt, und dann ruf ich dich noch einmal an.«

Es klang wie eine Drohung. Doch es war Karls gutes Recht, das von mir zu verlangen. Andernfalls wäre er ein Apostel der freien Liebe oder ein Schlappschwanz gewesen. Und von wegen Freiheit. Vielleicht war es die größere Freiheit, nur noch einen einzigen Mann zu haben. Dann war man auch nicht mehr gezwungen, ständig nach jemandem zu suchen, der für dieses oder jenes geeignet war.

»Mutti, ich habe ein wenig gegrübelt«, sagte Karl, als er wieder anrief.

Ich gewöhnte mich allmählich an dieses bescheuerte »Mutti«. Es fiel mir nicht einmal mehr richtig auf. Dafür nannte ich ihn nun recht oft »Karli« statt »Karl«.

»Ich will, dass du diese Männer überhaupt nicht mehr siehst. Nie mehr.«

»Manche sind einfach gute Freunde.«

»Wenn es nur gute Freunde sind, dann hältst du es sicher aus, sie fürs Erste einmal bis zum Herbst nicht zu sehen. Du kannst mit ihnen telefonieren, aber nicht zu oft.«

»Das ist absurd.«

»Dasselbe würde jeder Mann verlangen, der nur einen Funken wahrer Zuneigung zu dir empfindet.«

Ich dachte eine Weile nach. Ich wusste nicht einmal selbst worüber. Meine Entscheidung war schon gefallen.

»Gut«, sagte ich schließlich. »Ich verstehe dich. Ich bin einverstanden.«

Ich stellte mir vor, eine alte Jungfer wie eine seiner Großtanten zu sein und im Seniorenheim vor dem Fernseher einen unendlich langen Strumpf zu stricken. Für Enkel, die mich dafür auslachen würden. Da wurde mir klar, wie viel es wert war, mich mit der Eifersucht eines um zwanzig Jahre jüngeren Manns herumschlagen zu müssen, der geschmeidig wie ein Kater über einen Maschendrahtzaun klettern konnte. Und es wurde immer offensichtlicher, dass ich mich wirklich verliebt hatte. Mir war nichts wichtiger, als mit diesem leicht verrückten, etwas geizigen und ziemlich eifersüchtigen Mann noch mehr verschwenderisch schöne Stunden und Tage zu verbringen. So viele Stunden und Tage, wie mir bis zu meinem Tod noch bleiben würden.

Lange schlanke Strähnen von hellem Licht fielen von der Sonne wie vom Kopf eines jungen Mädchens, legten sich in meine Wohnung und verbreiteten den Hauch der Jugend und des Glücks. Wie zarte Finger legten sie sich an meine geschlossenen Lider und wärmten meine Augen und mein Herz. Vielleicht ist das der Moment, in dem ich endlich zur Ruhe komme, dachte ich. Karl war der Richtige für mich. Die Welt drehte sich nur noch um mich, und das nur deshalb, weil ich verliebt war. Wer nur einen Menschen liebt, dem ist die ganze Welt gewogen, dem ist der gesamte Erdkreis untertan.

Ich gewöhnte mich schließlich sogar an Karls endlose Vorträge und gewann sie schließlich lieb. Er sprach jetzt auch seltener über Geld und dafür umso öfter über sein Leben, seine Kindheit und seine Sehnsüchte. Ich hing an seinen Lippen, wenn er mir von den Kaninchen erzählte, die seine Großtante und ihre Lebensgefährtin gezüchtet hatten. Ja, Lebensgefährtin. Je mehr ich über die beiden hörte, desto sicherer war ich mir bezüglich ihrer sexuelle Orientierung. Als Karl etwas größer geworden war, setzte er durch, dass sein Lieblingskaninchen Emil nicht auf dem Teller landete. Von da an lebte es nicht mehr im Käfig, sondern lief wie eine Katze frei herum und durfte in sein Zimmer kommen. Als er erkannte, dass Emil ein Weibchen war, taufte er das Kaninchen auf Emilia um. Das war der Name seiner Mutter.

Das Läuten meines Telefons unterbrach uns. Der Mann am anderen Ende der Leitung klang jung und freundlich.

»Danke, dass Sie auf meinen Brief geantwortet haben«, sagte er. »Erinnern Sie sich an mich? Ich rufe an, weil ich Sie gerne heiraten würde.«

Von wegen Mann. Er war höchstens siebzehn Jahre alt. Ich antwortete freundlich, dass die Ehe eine Sache war, die reiflich überlegt sein sollte. Außerdem sei der Altersunterschied zwischen uns beiden, seiner Stimme nach zu schließen, vielleicht doch etwas groß.

Aber so leicht ließ er sich von seiner Idee nicht abbringen.

»Ich sehe gut aus. Ich bin treu. Ich kann für Sie sorgen. Und ich werde Sie lieben«, sagte er.

»Dass du gut aussiehst, klingt vielleicht ein bisschen eitel«, sagte ich. »Aber der Rest klingt gut. Das hebst du dir am besten für später auf, wenn du dich in einigen Jahren in ein Mädchen verliebst, das zu dir passt.«

Er ließ noch immer nicht locker. Ich legte einfach auf. Männer sind Irre. Wahrscheinlich bedeutete es wirklich die größere Freiheit, nicht mehr auf dem Markt zu sein. Glücklich verliebt zu sein, bedeutete aber die allergrößte Freiheit.

Der Junge rief noch einmal an. Ich hatte schon immer ein Herz für junge Leute. Deshalb hob ich abermals ab. Diesmal beschrieb er mir verschiedene Details seines Körperbaus. Er wollte meine Körpermaße wissen und wie mein Unterleib auf seine Stimme reagierte. Allmählich dämmerte mir, was da gerade ablief. Er holte sich ein paar kostenlose Minuten Telefonsex. Ich schimpfte mit ihm. Ich hörte ihn keuchen und stöhnen.

Auf dem Markt zu sein, heißt auch, Ware zu sein. Man wird zur Ware, ohne es richtig zu bemerken.

Ich legte auf und dankte Karl im Geiste dafür, dass es ihn gab. Nachdem mich Gerald und Jochen so eindringlich vor ihm gewarnt hatten, hatte ich ihn gleich bei ein paar Gelegenheiten gefragt, was er eigentlich von mir wollte.

»Warum fragst du mich das immer wieder? Ich liebe dich einfach«, sagte er.

Vielleicht war es ja wirklich so einfach.

Ich erzählte Karl von dem Jungen.

»Wenn der Typ noch einmal anruft, dann gib ihn mir bitte«, sagte er. »Warum hast du auch gleich so viele Inserate aufgegeben? Ist doch klar, dass sich lauter Abschaum meldet.«

Für mich war ein Junge noch lange nicht Abschaum, bloß weil er sich bei einer alten Dame kostenlos telefonisch erfreute. Rein wirtschaftlich betrachtet war das ein Konzept, das durchaus auch zu Karl gepasst hätte.

»Die Inserate waren dazu da, dich kennenzulernen«, sagte ich.

Er ließ sich nicht besänftigen.

»Wenn das mit dem Telefon nicht aufhört, nehme ich es dir weg«, sagte er.

Freiheit ist immer relativ.

18

Als ich am Muttertag aufwachte, war meine ganze Wohnung mit Rosenblättern übersät. Sogar auf der Toilette und im Flur lagen sie wie rosafarbene und rote Schmetterlingsflügel. Es war ziemlich kitschig. Zum Frühstück servierte mir Karl eine ganz ohne Mehl gebackene Nusstorte mit rosa Glasur.

»Alles Liebe zum Muttertag!«, rief er.

Ich tat ihm zuliebe so, als würde ich mich freuen. In Wirklichkeit verkrampfte ich mich ein bisschen. Ein Jahr zuvor hatte Gerald an den Muttertag gedacht und ihn in einem noblen Restaurant mit mir gefeiert. Aber das war etwas anderes gewesen. Gerald war die Skurrilität der Situation selbst bewusst gewesen, und er hatte Humor genug gehabt, um für uns beide das Beste daraus zu machen. Bei Karl war es ernst. Es war Muttertag. Vor dem Hintergrund seiner Kindheitserlebnisse hatte es einen seltsamen Beigeschmack.

»Heute darfst du dir etwas gönnen«, sagte er und deutete auf die appetitliche Torte. »Heute ist dein Tag.«

Karl umsorgte mich mit doppelter Aufmerksamkeit. Er servierte frischen Orangensaft und gab mir eine Muttertagskarte, die eine glückliche ländliche Familie zeigte. Er sang sogar ein Muttertagslied.

Meine Stimmung verschlechterte sich, als der Reihe nach meine Söhne anriefen. Nicht ihretwegen. Sie meinten es gut. Doch Karl war sogar auf sie eifersüchtig. Als wären sie Rivalen.

»Karli«, sagte ich. »Ich bitte dich.«

Seine Eifersucht war richtig krankhaft.

Wir stritten wieder. Am Ende schlug er die Wohnungstür hinter sich zu.

Na toll, dachte ich. Jetzt kann ich die Blütenblätter selbst aufräumen. Doch binnen einer Stunde war Karl wieder da. Er hatte inzwischen einen eigenen Schlüssel und stand auf einmal in der Wohnung.

»Entschuldige bitte«, sagte er. »Ich habe wohl etwas überreagiert. Ich will nur, dass es dir gut geht.«

Er sang noch ein Lied, das die gebärende Mutter glorifizierte. Es klang wie ein Nazilied, fand ich. Karl, dachte ich, was für ein Irrer. Wie sollten wir je glücklich miteinander werden? Ich fürchtete, dass ich mich so sehr an ihn gewöhnen könnte, dass ich eines Tages nicht mehr ohne ihn auskommen würde. Selbst wenn ich es wollte. Ich fragte mich, ob dieser Zustand nicht vielleicht sogar schon eingetreten war.

Der Sommer kam. Meine Topfpflanzen blühten wie noch nie. Zumindest kam es mir so vor. Meiner verliebten Einschätzung gemäß war das allein Karls Verdienst. Aber ich hatte nicht viel von ihrer wunderbaren Blüte, weil ich seit einigen Tagen bei Karl im Salzkammergut wohnte.

Gerald rief mich am Mobiltelefon an.

»Deine Stimme klingt so verändert«, sagte er.

»Gut verändert oder schlecht verändert?«

»Ich weiß es nicht. Geht es dir gut?«

»Es geht mir wunderbar.«

Ich sagte ihm nicht, wo ich mich gerade aufhielt. Gerald hätte meinen Urlaubsort vielleicht zu sehr hinterfragt. Und ich wollte nicht mehr zu viel nachdenken müssen.

Ich hatte ein Gästezimmer für mich allein. Es lag im Erdgeschoss, und durch das Fenster sah ich eine alte Scheune, die zu einem anderen Haus der kleinen Siedlung gehörte. Sie war aus dunklem Holz, an ihrer Seite wuchs ein Holunderstrauch und an ihre Ecke waren zwei Wandermarkierungen gemalt, eine rote und eine grüne. Erstaunlich, wie die einfachsten Bilder zu den unglaublichsten Kunstwerken werden, wenn man nur glücklich ist. Ich war nicht hier, um zu hinterfragen. Ich war hier, um zu genießen.

Wir unternahmen einige Ausflüge mit Karls Wagen. Wir fuhren an den Mondsee, nach Bad Ischl und nach Gmunden. In Gmunden saßen wir mit Eisbechern an der Esplanade, in Bad Ischl aßen wir in der Konditorei Zauner Kipferl und Topfenstrudel und in Salzburg mischten wir uns unter die Menschenmassen in der Getreidegasse. Bei alldem wunderte ich mich nur, wo Karls Knausrigkeit geblieben war. Er zahlte alles, den Saibling am Wolfgangsee, die Konzertkarten im Schloss Orth und die Schifffahrt auf dem Attersee. Wenn wir abends nicht heimfuhren, wohnten wir zwar nicht in den teuersten, aber doch in eher luxuriösen Hotels.

»Du tust so viel für mich«, sagte ich, als Karl wieder einmal eine Rechnung beglich.

»Ich tu es gern. Ich hätte das alles auch gerne für meine Mutti getan. Jetzt hole ich es nach.«

Er hielt mir die Wagentür auf und ich kletterte umständlich auf den Beifahrersitz. Ich hatte mich mit meiner Rolle als Muttterersatz mehr oder weniger abgefunden. Wenn in jeder Beziehung die Frau für ihren Mann zum Teil auch Muttterersatz war, dann war dieser Teil bei uns eben etwas größer.

Es war eine schöne Zeit. Ich stand mit den Füßen im Wasser des Traunsees, während vor mir die Wellen glitzerten und am gegenüberliegenden Ufer dunkel der Traunstein aufragte. Ein bisschen war es wie Sommerfrische in alten Filmen. Wie Ferien, die ich als Kind erleben hätte können, wenn ich nicht im Krieg und dann in der russischen Besatzungszone von Wien aufgewachsen wäre. Bloß waren meine Füße da unten im kühlen Nass alt und faltig und irgendwie weiter entfernt von meinen Augen als damals in Kindheitstagen.

Karl achtete immer darauf, dass wir in den Hotels Zimmer mit getrennten Betten bekamen. Ich fand es fast neurotisch, wie sehr er den Körperkontakt mit mir scheute. Doch auch das war inzwischen Teil unserer Beziehung geworden, wenn auch ein trauriger.

Einmal übernachteten wir spontan in einer kleinen Pension, in der nur noch ein Doppelzimmer mit Ehebett frei war. Karl legte sich ganz an den Rand des Bettes. Ich schlief in der Mitte meiner Seite ein. Ich träumte wohl etwas Wildes und rollte mich im Schlaf zu ihm und umarmte ihn. Davon erwachte ich. In der Finsternis sah ich seine offenen Augen glänzen. Er sah mich ruhig an. Meine Arme waren um seinen Hals geschlungen. Ich war zufrieden. Er hatte mich nicht von sich gestoßen. Ich fühlte mich geborgen und schlief wieder ein.

Dieses Gefühl war mehr wert als der beste Sex der Welt. Liebe war mehr als Sex. Wärme war mehr als Sex. Ein schönes Leben war mehr als Sex. Und nicht zuletzt ist die Aussicht auf Sex mehr als Sex. Solche kleinen Zärtlichkeiten, die sich nun häuften, ließen meine Hoffnung auf eine auch körperlich erfüllte Liebe zu Karl wieder wachsen.

Einmal strich ich mit der Hand über die stachligen und dichten Haarstoppeln auf seinem Kopf. Ein anderes Mal hielt er mich plötzlich an der Hand. Und immer öfter musste er mich festhalten, wenn ich Stufen erklimmen oder in seinen Wagen steigen sollte. Mein gesundes Knie war längst nicht mehr gesund, sondern machte inzwischen ernsthafte Probleme. Seine festen Hände an meiner Taille, an meinen Hüften zu fühlen, das war schon ein kleines, aber feines erotisches Erlebnis.

Ich hatte mir schon oft ein Leben auf dem Land gewünscht, einen Garten und Abgeschiedenheit und Ruhe. Bei Karl im Salzkammergut hatte ich all das. Die kleine Siedlung war ein ländliches Refugium mit Nachbarn außerhalb der Rufweite. An Wochentagen fuhr der Schulbus durch, und an Sonntagen hielt manchmal ein Eiswagen, der den Leuten hier auch tiefgekühlte Lebensmittel brachte.

Karl kümmerte sich um mich wie eine ideale Mischung aus Butler, Krankenpfleger, Haushälter, Koch und ja, leider auch Sohn. Er organisierte für mich eine Reihe von ärztlichen Untersuchungen in Gmunden, Ebensee und Altmünster, alles Orte, die ich bisher nur aus dem Heimatkundeunterricht von früher gekannt hatte. Die Ärzte waren zum Großteil alte Bekannte von ihm.

»Du bist doch versichert«, sagte Karl. »Das heißt, dass du Anspruch auf ordentliche medizinische Betreuung hast. Die Wiener Ärzte nehmen sich viel zu wenig Zeit. Hier ist das anders.«

Auch einen Aidstest organisierte Karl für mich. Angesichts meines bisherigen Lebenswandels konnte ich es ihm nicht verübeln. Allerdings hätte er mich vorher fragen können. Seine Dominanz äußerte sich manchmal auch darin, dass er mich gar nicht mehr nach meinen Wünschen und Vorstellungen fragte, sondern einfach davon ausging, dass er sie erriet.

Ich hoffte, dass ihn das negative Ergebnis des Aidstests veranlassen könnte, sich mir nun auch körperlich intensiver zu nähern. Das geschah nicht. Eines Tages sprach ich das Thema wieder einmal bei unserem wie gewohnt durch und durch gesunden

Frühstück an. Der Zeitpunkt war anscheinend gut gewählt, denn Karl zeigte sich offener als sonst.

»Weißt du«, sagte er, »ich war nie richtig glücklich mit Frauen. Ich konnte nie gut mit ihnen umgehen. Ich habe immer meine Mutter in ihnen gesucht. Aber natürlich hatte ich Sehnsucht nach Sex. Aber er hat mich nie richtig erfüllt.«

Ich hoffte, ihn zu einem seiner Redeschwalle bewegen zu können. Wenn es mir jetzt gelänge, die Pforten zu öffnen, könnte ich vermutlich Informationen über ihn gewinnen, die für unser Liebesglück entscheidend wären.

»Wie war es mit deiner Frau?«, fragte ich schnell.

»Ich habe auch mit ihr nicht viel geschlafen. Ich dachte immer, dass ich nicht besonders gut darin bin. Ich weiß nicht, ob du mich verstehst, aber ich fand immer, dass Sex etwas für andere sei, nichts für mich.«

»Hat dich deine Frau deshalb verlassen?«, fragte ich.

»Nein, nicht nur deswegen«, sagte er. »Ich kam dahinter, dass sie einen Liebhaber hatte. Das Merkwürdige war damals, dass es mich nicht besonders störte. Ich fand es sogar irgendwie aufregend. Komisch nicht? Ich kehrte heimlich ins Haus zurück. Aber nicht, um sie zu ertappen, sondern um auf meinem Bett zu liegen und daran zu denken, dass sie es jetzt gerade im gleichen Haus mit ihm machte.«

Ich war nicht sicher, ob er mir wirklich die Wahrheit erzählte. Ich hatte oft genug die Erfahrung gemacht, dass Männer sexuelle Fantasien ihrer Vergangenheit als wahre Begebenheiten erzählten. Besonders ältere Männer taten es. Sie fühlten sich gut dabei. Und oft genug waren sie wirklich von der Wahrhaftigkeit ihrer Vorstellungen überzeugt.

Er ging zu einem Schrank und holte unter einem Stapel von Wintersachen einige uralte Pornohefte heraus. Ich musste lachen, doch er machte ein ernstes Gesicht, als gestehe er gerade eine Todsünde. Ich blätterte die Hefte durch.

»Mein Gott«, sagte ich bei einem. »Damals hatten die Frauen noch Haare auf ihren Muschis.«

Ich zeigte auf ein Bild mit angedeutetem Analsex.

»Das kann ich auch«, sagte ich und versuchte, verlockend und ein bisschen verschwörerisch zu klingen.

Doch so einfach war Karl nicht zu erobern. Er schreckte zurück.

»Ich kann dich auch sehr, wirklich sehr tief in den Mund nehmen«, sagte ich. »Das habe ich mit der Zeit gelernt.«

»Das würde ich nicht wollen«, sagte er. »Ich will dir nicht wehtun.«

Vielleicht ist er einfach nur ein bisschen verklemmt, dachte ich. Er liebte mich und war verklemmt. Vielleicht war die Welt wirklich so einfach. Hier im Salzkammergut traute ich es ihr, der Welt, zu.

»Es tut nicht weh«, sagte ich.

»Irgendwie tut Geschlechtsverkehr Frauen doch immer ein bisschen weh. Sie machen doch immer solche Geräusche dabei«, sagte er.

Es hörte sich an wie eine Theorie, die gerade ein Volksschüler aufgestellt hatte.

»Unsinn. Sex ist etwas Schönes, das die Menschen glücklich macht. Sex ist etwas zutiefst Menschliches. Ich wünsche dir, dass du das noch herausfindest. Und ich wäre gerne dabei, wenn du es tust.«

Er senkte den Blick.

»Ich würde gerne zusehen, wie du dich pflegst«, sagte er. »Wie du dich wäschst, zum Beispiel.«

Ich lächelte ihn an.

»Das tue ich gerne für dich«, sagte ich.

Auf einmal lag Lust im Raum, und ich war ziemlich sicher, dass nicht nur ich sie empfand. Gleichzeitig irritierte mich seine Naivität. Vielleicht spielte er sie aber ja absichtlich. Vielleicht brauchte er dieses Theater, um mich dadurch noch besser als Mutti sehen zu können. Es sollte mir recht sein. Wenn er diese Art von Vorspiel brauchte, war ich dabei. Wenn er das Mutti-Ding sexuell ausleben konnte, hörte er vielleicht sonst damit auf. Ich stand auf.

»Ich bin also im Bad«, sagte ich.

Er folgte mir. Nackt legte ich mich in die Wanne und seifte mich überall ein. Besondere Aufmerksamkeit widmete ich meiner Brust und meinem Schritt. Seine Augen weiteten sich. Das war schon einmal ein gutes Zeichen. Ich sah zwischen seine Beine und entdeckte eine Beule. Das war ein noch besseres Zeichen. Impotent war er eindeutig nicht.

»Ich mach mir einen Orgasmus, ja?«, sagte ich.

Er sagte nichts, aber sein lauter Seufzer war mir Antwort genug. Ich strich über meine Schamlippen und steckte dann einen Finger dazwischen, aber nur, um zu kontrollieren, wie feucht ich schon war. Ich war sehr feucht. Ich rieb meine Klitoris und wand mich dabei in der halbleeren Wanne wie ein hungriger Regenwurm. Beinahe wäre ich gekommen, doch da lief Karl aus dem Bad. Ach Karl, dachte ich. Ich stieg aus der Wanne und suchte ihn. Er war dort, wo ich ihn vermutet hatte. Er hatte sich auf dem Klo eingesperrt.

»Alles ist in Ordnung«, sagte ich mit dem Ohr an der Tür. »Du bist ein ganz normaler Mann.«

Nach einer Weile kam er heraus.

»Ich konnte nicht vor deinen Augen ejakulieren. Das hätte dir sicher nicht gefallen«, sagte er.

»Und wie es mir gefallen hätte«, entgegnete ich.

Damit war unser erstes erotisches Erlebnis beendet.

Immerhin war danach das Eis zwischen Karl und mir ein wenig gebrochen. Er wurde, was seine erotischen Vorstellungen anbelangte, gesprächiger und konkreter. Es ging immer wieder um seine Frau und ihren Liebhaber. Am Ende war ich nicht mehr sicher, ob sie wirklich einen gehabt hatte. Fest stand aber, dass er die Fantasie hatte, zuzuhören, wahrscheinlich also auch zuzusehen, während es ihr ein anderer besorgte. In seinem Ehebett noch dazu. Diese Fantasien von anderen Männern mit seiner eigenen Frau standen in seltsamem Widerspruch zu der übertriebenen Eifersucht, die er mir gegenüber an den Tag legte. Aber vielleicht passte ja auch gerade deshalb alles zusammen. Es lohnte sich für mich jedenfalls, darüber nachzudenken. Schon um die Gelüste meines zweiten Mannes aufzuarbeiten. Der hatte mich gezwungen, mit einem seiner Freunde zu schlafen. Das heißt, sie zwangen mich gemeinsam. Das war das endgültige Ende unserer Beziehung und meiner Zuneigung zu Männern für mehr als vierzig Jahre gewesen. Es war grauenvoll. Ich hatte überhaupt kein Vertrauen mehr.

Ich fragte mich auch, wie weit Karl damals seiner Frau gegenüber gegangen war. Vielleicht weit genug, um sie zu traumatisieren. Vielleicht weit genug, um sich selbst zu traumatisieren.

»Findest du das nicht alles furchtbar schmutzig? All diese Vorstellungen? Und die ganzen Sachen mit Penissen und Vulven?«, fragte er.

»Karl, wirklich nicht. Es ist nur menschlich. Es macht dich menschlich, dass du dir Gedanken machst.«

Er verkniff das Gesicht. Er schien sich nicht ganz sicher zu sein, ob er menschlich sein wollte.

»Macht es dir nichts aus, dass wir darüber reden?«, fragte er.

»Du bist mein Butler, mein Koch, meine Haushaltshilfe und mein Krankenpfleger. Da kann ich doch wohl deine Sexualtherapeutin sein, findest du nicht?«

Nicht der Hauch eines Lächelns trat in sein Gesicht. Sein Weg würde vielleicht noch ein weiter sein. Einerseits machte das nichts. Mit mir an seiner Seite würde er schon zu einem Ziel kommen. Als ich in seinem Alter war, mit zweiundsechzig, hatte ich noch lange siebzehn Jahre vor mir, um mich sexuell zu entdecken. Wenn man bedenkt, dass die meisten Menschen ihre ersten Erlebnisse eben mit siebzehn feiern, könnte man sagen, dass ich mit zweiundsechzig Jahren geboren worden war. Andererseits war er ein Mann. Männer haben es schwerer, auch wenn ihnen die Potenzpille eine Art sexuelle Emanzipation im Alter gebracht hat. Wenn aber Karl noch siebzehn Jahre brauchen sollte, um endlich wieder mit einer Frau schlafen zu können, dann würde ich, wenn es denn so weit wäre, neunundneunzig Jahre alt sein. Und ganze siebzehn Jahre ohne Sex – ich wusste nicht, ob meine Liebe zu Karl so stark sein würde.

»Ich schämte mich damals für meine Fantasien«, sagte Karl. »Ich glaube, dass meine Frau genau wusste, was in mir vorging, und dass sie mich deshalb verlassen hat.«

Kurz nachdem sie Karl verlassen hatte, wurde er vor seinem Haus niedergeschlagen. Auch seine Geldbörse wurde bei diesem Angriff geraubt. Er erstattete damals keine Anzeige. Er hatte noch immer das Gefühl, den Schlag auf den Hinterkopf verdient zu haben. Er dachte, dass es der Liebhaber seiner Frau getan hatte, um sich für etwas zu rächen. Seine Vorstellungen gingen dann sogar so weit, dass die Liebe zwischen seiner Frau und dem anderen Mann so rein und ohne Sexualität war, dass der Angriff auf ihn eben eine Strafe dafür war, den beiden Sex unterstellt zu haben.

Waren denn alle alten Menschen die ganze Zeit von Schuldkomplexen geplagt? Dass die Alten, als ich jung war, dieses Problem hatten, verstand ich. Die hatten in den Weltkriegen noch gekämpft. Ich hatte den zweiten zumindest erlebt, aber ich war noch zu jung, um mich schuldig zu fühlen. Karl war nach dem Krieg geboren. Und dennoch solche Schuldgefühle. Sie waren ähnlich wie beim gleichaltrigen Jochen. Der rechnete es auch nur sich selbst zu, dass seine Frau so schwer erkrankt war. Wahrscheinlich war die Erziehung in den fünfziger Jahren schuld daran. Wenn man auch in der Schule für jeden Unsinn bestraft wird, entwickelt man schnell die Angst, jeden Unsinn tatsächlich verschuldet zu haben. Ich hoffe wirklich, dass es den jungen Menschen von heute nie so gehen wird.

»Du findest mich jetzt ekelhaft«, sagte Karl. »Gib es zu.«

»Nicht ein bisschen.«

»Was ist dann los mit dir?«

»Ich bin froh, dass wir darüber gesprochen haben.«

19

Wenig später läutete am frühen Morgen mein Handy. Gerald war dran.

»Elfriede, der Mann, mit dem du zusammen bist, ist vollkommen wahnsinnig«, sagte er.

Ich saß gerade mit einer Zeitung im Wohnzimmer. Karl joggte eine Runde.

»Langsam«, sagte ich. »Was ist los?«

»Er hat mir in der Nacht von deinem Handy aus an die zehn SMS geschickt, in denen er irre Drohungen ausgestoßen hat. Meine Frau ist aufgewacht und ich musste Lügengeschichten erfinden. Zum Glück hat sie die Nachrichten nicht gelesen. Wo bist du?«

Mir wurde kalt. Ich fühlte mich, als würde sich alles Blut in meinem Körper verlieren. Trotzdem verriet ich ihm auch diesmal nicht, wo ich war.

»Was hat er geschrieben?«, fragte ich.

»Er drohte nicht nur, mir etwas anzutun, sondern auch dir. Er hat wirklich extrem grobe Ausdrücke gebraucht!«

Ich versuchte, Gerald zu beruhigen. Das kann nicht sein, dachte ich. Irgendwie wird sich alles aufklären.

»Tu vorläufig nichts«, sagte ich. »Ich rede mit ihm und melde mich.«

»Lass mich nicht zu lange warten. Ich mache mir ernsthafte Sorgen.«

Ein weiterer Anruf. Zuerst erkannte ich die Stimme gar nicht. Es war eine Frau, die sehr vertraut mit mir zu sein schien. Dabei hatte ich keine Freundinnen. Ihre Stimme zitterte.

»Stimmt das alles?«, fragte sie.

»Susanne?«

Sie war es, Jochens Frau.

»Stimmt es, dass du die ganze Zeit über mit ihm geschlafen hast und dass er sich … dass er sich … weißt du, was ich meine?«

Ich wusste, was sie meinte. Ich hatte Karl am Wolfgangsee leichthin erzählt, wie sich Jochen seinen Penis für mich operieren lassen hatte. Ich hatte es ihm nur erzählt, um anzugeben, und hätte nie gedacht, dass es irgendwann Konsequenzen haben könnte.

»Susanne«, sagte ich. »Wovon sprichst du?«

Ich schämte mich in Grund und Boden.

Sie legte auf.

Vermutlich war es für uns beide besser so. Wir wussten ohnedies beide, was Sache war.

Karl kam gerade vom Joggen zurück. Er ließ sich nichts anmerken. Ich mir auch nicht, zur Sicherheit. Ich hatte bereits eine kleine Tasche gepackt und wollte die erste Gelegenheit nutzen, um zu verschwinden. Ich wollte einfach ein Auto anhalten und so zum nächsten Bahnhof gelangen. Vielleicht würde ich sogar den Schulbus erwischen. Natürlich war mir allzu klar, dass in der Siedlung kaum Verkehr war.

Karl ging unter die Dusche. Das war für mich die Gelegenheit zur Flucht. Doch ich blieb sitzen. Vielleicht hatten Gerald und Susanne übertrieben. Vielleicht brauchte ich mir ihre Anrufe nur wegzudenken, und schon würde Karl wieder für eine schöne Illusion taugen, für wer weiß wie lange. Es würde schwer sein, auf ihn zu verzichten. Er hatte mich zu sehr verwöhnt. Er brachte mich zu den Ärzten, kochte, putzte. Und meine Beine taten immer mehr weh, beide. Viele Arzttermine standen noch aus. Bei Karl fühlte ich mich geborgen. Ich konnte mir nicht mehr vorstellen, wieder allein zu Hause zu sein. Ohne Hilfe. Ohne jemanden, der rund um die Uhr für mich da war, mir das Frühstück ans Bett brachte. Der mich zwang, kleine Spaziergänge zu machen. Warum nicht einfach bleiben? Ich konnte zumindest noch einmal mit Gerald sprechen. Vielleicht war alles gar nicht so schlimm gewesen. Ich nahm mein Handy und stellte fest, dass Karl alle meine Kontakte einfach gelöscht hatte. Das war zu viel.

Ich schlich aus dem Haus und humpelte zur Busstation. Ich war ziemlich langsam. Meine Knie machten nicht mit. Es gab keinen Bus um diese Uhrzeit. Ich winkte einem Auto, aber es hielt nicht an. Das nächste Auto, eine halbe Stunde später, war das von Karl.

»Du wolltest doch wohl nicht weg?«

»Doch.«

»Das darfst du aber nicht, Mutti.«

»Karl …«

»Steig ein«, sagte er.

»Ich weiß nicht.«

»Ich weiß, dass ich schwierig bin«, sagte er. »Steig jetzt trotzdem ein.«

»Karl«, sagte ich. »Du gehst einfach zu weit. Du kennst die Grenzen nicht.«

»Ich weiß«, sagte er.

»Das ändert auch nichts daran. Ich fühle mich bei dir nicht mehr sicher.«

»Nicht mehr sicher?«

»Du machst mir Angst. Du vertreibst meine Freunde. Du löschst meine Kontakte. Was kommt da noch alles?«

»Ich bin so verdammt eifersüchtig«, sagte er. »Ich weiß selbst nicht warum. Bei dir halte ich einfach die Vorstellung nicht aus, dass da noch all die anderen sein könnten. Und meine Vorstellungen sind so intensiv und bildhaft.«

»Schon, aber was kommt als Nächstes?«

»Als Nächstes kommt, dass ich mich zu bessern versuche.«

Ich konnte nichts anderes tun, als einzusteigen.

Mittags saß ich wieder im Wohnzimmer. Die Zeitungen lagen auf meinem Schoß, aber ich las nicht darin. Karl brachte gerade sein Rennrad zum Service. Ich hielt es für möglich, dass er das nur vorgegeben hatte und mich in Wirklichkeit von hinter der Scheune aus im Auge behielt. Er war irre genug für so etwas.

Ich schwankte. Ich wusste nicht, was ich tun sollte. Ich mochte Karl trotz allem, so war es nun einmal. Außerdem brauchte ich ihn inzwischen, auch wenn das gewöhnlich eine schlechte Grundlage für eine Beziehung ist. Ich hatte allzu oft von Frauen gehört, die sich aus genau diesen Gründen mehr und mehr gefallen ließen, bis sie in einer Hölle auf Erden lebten. Mit einem Mann, der nach jedem Eklat Besserung versprach, aber nur immer wahnsinniger wurde.

Aber bei einem Mann bleiben, vor dem ich mich im Moment nicht einmal zu fliehen traute? Ich hätte weinen können. Die Situation war so verzwickt. Karl war mir einfach zu wertvoll geworden.

Der Großteil meines Lebens lag schon hinter mir. Liebe war darin sehr selten vorgekommen. Zu selten, als dass ich sie jetzt so einfach fortgeworfen hätte. Und auf die Zukunft traute ich mich inzwischen nicht mehr so zu hoffen wie damals, als ich die Inserate geschaltet hatte. Die Zukunft, auf die ich gehofft hatte, hatte mir Karl gebracht. Jetzt konnte ich das Angebot annehmen oder ablehnen. Ich war geneigt, es zumindest noch einmal zu prüfen.

Aber dann war ich doch zerrissen und beschimpfte mich selbst, mich so abhängig gemacht zu haben. War der Arzt, den mir Jochen empfohlen hatte, nicht gut genug gewesen? Lag Laxenburg nicht auch im Grünen? Hatte sich Gerald nicht auch immer gut um mich gekümmert? Hatte nicht auch Franz einmal meine Wohnung aufgeräumt? Ich fühlte mich abwechselnd einmal unglaublich schwach und machtlos, dann wieder furchtbar aggressiv und voller Tatendrang. Oder aber unaussprechlich wütend und von Hass erfüllt, sodass ich ganz entgegen meiner Art mit einem Streich den Esstisch abräumte und einige Gläser am Fußboden zerschellen ließ.

Draußen fuhr der Eiswagen vorbei. Er spielte eine laute Melodie, um die Kinder anzulocken. Ich erstarrte. Mit einem Mal rappelte ich mich auf und eilte wie ferngesteuert hinaus. Ohne zu fragen, öffnete ich die Beifahrertür des Eiswagens und stieg ein. Ich hatte keine Tasche dabei, nichts. Was tat ich da gerade?

»Was tun Sie da?«, fragte der Eisverkäufer.

»Würden Sie mich bitte zum Bahnhof mitnehmen? Oder einfach in die Stadt?«

»Wo genau wollen Sie denn hin?«

»Nach Hause«, sagte ich.

»Sie haben aber kein Alzheimer oder so etwas Ähnliches?«

»Keine Sorge. Für mein Alter bin ich so weit ganz gut in Schuss.«

Er lachte.

»Ich nehme Sie gerne mit«, sagte er. »Es wird aber ein bisschen dauern. Ich muss ein paar Stopps einlegen.«

Innen war der Wagen nicht so hübsch bunt wie außen. Ich saß zwischen Rechnungsblocks, einer offenen Milchpackung und einigen Lappen auf einem zerschlissenen Kunststoffsitz. Die langsame Fahrt bis zum Gmundner Bahnhof machte mir nichts aus. Ich musste dort ohnedies einige Stunden warten. Zum Glück hatte ich Geralds Nummer mehr oder weniger auswendig gewusst. Beim dritten Versuch also lag ich richtig und erreichte ihn. Er bestand darauf, mich mit dem Auto abzuholen.

»Vergiss ihn einfach«, sagte Gerald, als er mich in meine Wohnung führte. »Du bist noch jung. Du bist erst zweiundachtzig. Du hast noch mindestens zehn Jahre, um deine wahre Liebe zu finden.«

Er blieb noch einige Stunden bei mir. Ich weinte mich aus. Dann aßen wir eine Instantsuppe, die wir unterwegs bei einer Tankstelle erstanden hatten. Ich hatte keinen Appetit.

Und dann war Gerald weg und ich war wieder allein.

20

Ich betrachtete meine Balkonpflanzen. Sie erschienen mir seltsam farblos. Ohne Karl fühlte ich mich hier nicht mehr richtig zu Hause. Aber fehlte wirklich er mir, oder fehlten mir nur die Illusionen, die ich mir von uns gemacht hatte?

Am nächsten Tag rief mich Franz an. Jener Franz, der mich zu Weihnachten so rücksichtslos behandelt hatte. Auch er hatte eine SMS von Karl erhalten.

Ich erzählte ihm die ganze Geschichte. Ausgerechnet dieser Franz, den ich in so schlechter Erinnerung hatte, gab mir einen sehr merkwürdigen Ratschlag.

»Vielleicht kannst du einen Besseren als Karl gar nicht finden«, sagte er. »Er bietet dir im Grunde alles, was du brauchst. Du wärst verrückt, wenn du das nicht ausnutzen würdest. Erst recht, wenn du ihn trotz allem gern hast. Du musst ihm nur irgendwie seine Grenzen zeigen. Du könntest zum Beispiel regelmäßig deine Söhne einladen. Er muss wissen, dass du nicht allein bist und dass es auch andere Menschen gibt, die sich um dich sorgen und auf dich aufpassen, verstehst du?«

Vielleicht hatte Franz, dieser brutalste und am wenigsten einfühlsame meiner ehemaligen Liebhaber, sogar recht. Allein auf der Welt war eine alte Frau wie ich verloren. Es stimmte auch, dass ich wegen eines Mannes meine eigene Familie nicht vergessen durfte. Meine Ehemänner hatten mich verlassen, aber ein Kind blieb Kind, was auch immer geschehen würde.

Ich mochte Karl wirklich, doch gleichzeitig hatte ich Angst vor ihm. Er hatte noch immer meine Schlüssel und konnte jederzeit unangemeldet in meinem Flur stehen. Unsicher und sehnsüchtig zugleich wartete ich auf seinen Anruf. Wenn er anruft und nicht einfach herkommt, dachte ich, hat er verstanden, worum es geht.

Als das Telefon klingelte, hob ich mit klopfendem Herzen ab.

»Ich will ohne dich nicht leben«, hörte ich Karls Stimme.

Ich wollte ohne ihn auch nicht mehr leben. Zu viele schöne Erlebnisse verbanden mich mit ihm, und ich hatte furchtbare Angst vor der Einsamkeit. Ich dachte auch an all die Arzttermine, die er für mich vereinbart hatte. Am Ende entscheiden wohl auch die praktischen Dinge, und das mit zunehmendem Alter immer mehr.

»Ich hole dich ab und wir fahren nach Graz«, sagte er.

Ein Grazer Orthopäde sollte mein rechtes Knie untersuchen.

»Einverstanden«, sagte ich. »Aber welche Sicherheit habe ich, dass du nicht wieder durchdrehst?«

»Ich sage dir einfach alles.«

»Was alles?«

»Was mir so durch den Kopf geht, wenn ich wütend bin. Ich hatte zum Beispiel daran gedacht, deine SIM-Karte zu tauschen, damit dich diese Typen nicht mehr anrufen können.«

»Sonst noch etwas?«

Er dachte nach.

»Eigentlich nicht.«

Es schien ihn selbst zu überraschen.

Damit konnte ich leben. Irgendwie verstand ich ihn sogar. Wäre ich eifersüchtig gewesen, hätte ich vielleicht auch so gedacht.

»Wirst du es tun?«, fragte ich.

»Was?«

»Meine SIM-Karte heimlich tauschen.«

»Es kann schon passieren«, sagte er.

»Wenn es passiert, bin ich wieder weg und komme nicht mehr zurück«, sagte ich. »Wenn du mich dann umbringst, mach es bitte kurz und schmerzlos.«

Karl war ausnahmsweise wirklich verdutzt und schwieg. Auf einmal hätte ich lachen können. Ich dachte daran, was sich die Leute so unter einem langen glücklichen Leben vorstellten. Die hatten keine Ahnung.

Am nächsten Morgen stand Karl vor meiner Tür. Wir hatten noch genug Zeit und frühstückten in einem McCafé von McDonald's im nahe bei Laxenburg gelegenen Industriezentrum Niederösterreich Süd. Kaffee und Kuchen. Gesund war das nicht, aber Karl sah ausnahmsweise großzügig darüber hinweg. An einem viereckigen Tischchen beobachteten wir die anderen Frühstücksgäste, die es allesamt viel eiliger hatten.

»Ich brauche dich inzwischen«, sagte ich zu Karl.

»Ich brauche dich inzwischen auch«, sagte er.

»Warum brauchen wir uns?«, fragte ich.

»Du brauchst mich, weil ich für dich da bin«, sagte er. »Ich brauche dich, um für dich da sein zu können.«

»Liebst du mich denn?«

»Ich mag dich auf jeden Fall.«

»Ich mag dich auch«, sagte ich.

»Liebe«, sagte er. »Was ist schon Liebe.«

»Wir haben Zeit. Unsere Gefühle werden sich entwickeln.«

Karl nickte.

»Wir werden jedenfalls gut aufeinander aufpassen«, sagte ich.

»Ich werde immer gut auf dich aufpassen«, sagte Karl. »Vielleicht zeigst du mir noch, was Liebe ist.«

Ich war gerührt. An diesem Abend schliefen wir zum ersten Mal miteinander. Karl war etwas unbeholfen und die Sache dauerte nicht lange. Er kam mir vor wie ein Anfänger. Als ich danach im Bett lag und er das Hotelzimmer aufräumte, wusste ich dennoch, dass ich dieses Ereignis für den Rest meines Lebens in Erinnerung behalten würde. Reflexartig tastete ich nach meinem Handy, das auf meinem Nachtschränkchen gelegen hatte. Es war verschwunden.

»Karl, wo ist mein Handy?«

Er zeigte auf den Boden. Es war heruntergefallen.

»Wie haben wir denn das geschafft?«, fragte ich.

Er lächelte und setzte sich neben mich. Dann erzählte er mir gute zwei Stunden lang alle möglichen Geschichten aus seinem Leben.

»Karl ...«, unterbrach ich ihn einmal.

Er ließ sich nicht stoppen. Er war eben so. Während er redete, dachte ich weiter nach. Wir hatten wirklich gerade zum ersten Mal miteinander geschlafen. Es fühlte sich wie ein Neuanfang für uns beide an. Für ihn, weil er damit seine Ängste vertreiben und seine Wunden heilen konnte. Zumindest hoffte ich das. Und für mich, weil meine Liebesabenteuer in den vergangenen zwei Jahren endlich einen tieferen Sinn bekommen hatten. Nämlich den, all meine Erfahrungen Karl zu schenken.

Von da an waren wir oft in jenem McCafé im Industriezentrum Niederösterreich Süd, in diesem Geburtsort unserer neuen Liebe, und sahen dem Personal beim Arbeiten und den Gästen beim Essen zu. Dort beschlossen wir eines Tages auch zusammenzuziehen, wenn auch mit Sicherheitsnetz: Ich würde meine Wohnung in Laxenburg behalten. Kurz vor der Übersiedlung rief ich Gerald an.

»Alles wieder in Ordnung?«, fragte er.

»Sieht so aus.«

»Du hörst dich glücklich an.«

»Ich bin auch glücklich«, sagte ich. »Ich ziehe zu Karl.«

»Du bist verrückt«, sagte Gerald.

Er klang ein bisschen traurig.

»So ist die Liebe eben«, sagte er. »Wenn man sie sucht, findet man sie nicht. Wenn man sie nicht sucht, findet man sie auch nicht. Dann ist sie plötzlich da, tut aber weh, und man will sie wieder los sein, oder man merkt erst, dass sie da war, wenn sie schon wieder weg ist. Und manchmal wird dann doch alles gut. Weißt du, wie man das alles nennt?«

»Leben«, sagte ich.

Gemeinsam alt sein.
Ein berührender Bericht über Liebe und Vergessen

Katrin Hummel
GUTE NACHT, LIEBSTER
Demenz.
Ein berührender
Bericht über Liebe
und Vergessen
288 Seiten
ISBN 978-3-404-61646-6

Hilda und Hans sind seit dreißig Jahren verheiratet. Doch langsam beginnt Hans sich zu verändern. Zuerst wundert sich Hilda über ihn, findet sein Verhalten manchmal unverschämt. Als ein Neurologe ihn dann fragt: »Wie heißen ihre Töchter?«, weiß Hans die Antwort nicht. Die erschreckende Diagnose: Demenz. Schon bald kann er seiner Frau Hilda kein Partner mehr sein und wird zum Schwerstpflegefall. Obwohl die Belastung fast unmenschlich erscheint, entscheidet Hilda, dass sie sich zu Hause um ihren Mann kümmern wird. In diesem sehr persönlichen Buch spricht sie über ihren Alltag, ihre Ängste und ihre intimsten Gedanken – ein bewegendes Plädoyer für die Liebe.

Bastei Lübbe Taschenbuch

Werde Teil der Bastei Lübbe Welt
You Tube
www.luebbe.de/Meinewelt
Lesen, rezensieren, Bücher gewinnen
Lerne Autoren, Verlagsmitarbeiter und andere Leser kennen